精品课程配套教材
21世纪应用型人才培养"十三五"规划教材
"双创"型人才培养优秀教材

财务报表编制与分析

CAIWU BAOBIAO BIANZHI YU FENXI

主　编	赵红英	单　蕊
	李建林	
副主编	柴沛晨	褚志姣
	刘章胜	余笑冰
	李　盈	蔡兴利
	张海芹	孙艺宁
	陈舒宇	王　亮
	龚　丽	赵晓红
	佟　威	

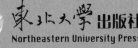

东北大学出版社
Northeastern University Press

ⓒ 赵红英 单 蕊 李建林 2017

图书在版编目（CIP）数据

财务报表编制与分析／赵红英，单蕊，李建林主编.
-- 沈阳：东北大学出版社，2017.1
21世纪应用型人才培养"十三五"规划教材
ISBN 978-7-5517-1206-4

Ⅰ.①财… Ⅱ.①赵… ②单… ③李… Ⅲ.①会计报
表-编制-高等学校-教材②会计报表-会计分析-高等
学校-教材 Ⅳ.①F231.5

中国版本图书馆 CIP 数据核字（2016）第 016655 号

出 版 者：东北大学出版社
 地　址：沈阳市和平区文化街三号巷 11 号
 邮　编：110819
 电　话：024-83680267（社务室）　83687331（市场部）
 传　真：024-83680265（办公室）　83680178（出版部）
 网　址：http://www.neupress.com
 E-mail：neuph@neupress.com
印 刷 者：北京俊林印刷有限公司
发 行 者：东北大学出版社
幅面尺寸：185mm×260mm
印　　张：11.5
字　　数：285 千字
出版时间：2017 年 1 月第 1 版
印刷时间：2017 年 1 月第 1 次印刷
责任编辑：孙　锋
责任校对：刘乃义
封面设计：唐韵设计
责任出版：唐敏志

ISBN 978-7-5517-1206-4　　　　　　　　　　　定价：32.00 元

前　言

随着财政部发布的《会计改革与发展"十二五"规划纲要》和 2012 年 7 月 12 日教育部在北京市会议中心第一次向社会发布"2011 年高等职业教育质量年度报告"以及国家示范校建设五周年成果展，高职会计教育中的项目导向、任务驱动、基于工作过程系统化的课程开发理念，已得到高职教育界的普遍认可。面对新的历史机遇，我们在借鉴国家和省示范性高职院校会计专业改革与建设的基础上，同心协力，精心编写了本书。

财务报表编制与分析，是高职学生普遍认为较难的课程，主要原因是，所学的知识是僵化的，难以与实践结合，对实际问题的解决局限在背诵专业术语的水平上，至于某一专业知识能解决什么问题，解决时候如何根据实际情况恰当应用，如何把握灵活性与原则的关系几乎是空白，知识成为游离于实践之外的摆设，甚至是负担；针对这种情况，教材中每一个任务，都会提出一个具体问题，问题的解决过程渗入专业技术能力、社会适应能力和方法应用能力，将知识与能力、过程与方法、情感态度与价值观三方面融为一体，并在教材中以适当的形式呈现出来，力求形成自己的特色：

1. 以工作过程中需要完成的任务为起点，以任务的完成为终点；所有知识点的引出，均是学生工作后遇到的典型工作，以期望最大程度地缩小课堂学习与实践的距离。

2. 采用循序渐进的方式安排内容，全书有三个项目，分别是财务报表编制，财务报表分析，财务预测；编制是分析的基础，分析是预测的前提，报表的编制目的是为了应用，分析和预测就是其应用的重要途径；三者是有机联系的；难度也是逐步加大的；这种做法打破的传统的：认知财务分析---进行财务分析的惯例，将对财务分析的程序，方法镶嵌在问题的解决过程中，这样有助于激发学生的学习兴趣，解决知识与实践的游离。

3. 体例创新，简明实用；按照学习目标---任务导入---任务实施---知识准备---任务完成过程总结----拓展思考 的结构编写，强化学生能力的培养。

4. 教材图文并茂，适合高职学生；并配备了教学课件，教学课件不是教材大小标题的罗列，而是对教材内容的理解和挖掘，有助于教师的教学。

5. 重视对知识的归纳总结，并尽量用图表形式呈现，减轻学生的学习压力。

本书可以作为高职高专会计专业教材，也可以作为初入职场会计人的读物。

由于时间仓促，编者水平有限，书中不足之处在所难免，恳请广大读者批评指正。

编　者

2017 年 1 月

目 录

项目一 财务报表的编制

任务一 资产负债表的编制

学习目标：

知识目标：掌握资产负债表各个项目的含义，理解资产负债表的结构；

能力目标：会编制资产负债表

任务导入：

曙光公司是一家新成立的生产白色家电的企业，现在要招聘一个会计人员，面试时间是 20 分钟，给出的题目是：该企业 20××年 12 月份发生了 120 项经济业务，要求：

1. 说出这些经济业务与资产负债表的关系；

2. 编制 20××年 12 月 31 日的曙光公司资产负债表；

你现在去应聘此岗位，怎样解决这个问题呢？

任务实施：

你想起来在基础会计学习阶段，作过根据账户余额编制资产负债表的练习。经济业务是怎样与资产负债表发生关系的呢？这就要分析账户余额是怎样形成的？这些余额与经济业务有什么关系？填制资产负债表的账户有什么共同点？

账户余额是根据账户记录形成的，账户记录的基础是经济业务形成的各种记账凭证；课堂上，用"T"字形账户反映账户记录，余额形成过程；

将这 120 项经济业务形成"T"字形账户反映账户记录，结出发生额和余额，再形成资产负债表？这样，20 分钟时间显然不够，怎么办？

你用了 5 分钟时间分析了一下这 120 个经济业务，发现不少业务是重复的，将他们归类后，有 14 项经济业务，分别是：

1. 接受股东投资 3200 万元；

2. 取得银行长期借款 5100 万元；

3. 用 5700 万元购置设备，办公家具等；

4. 购置土地使用权 150 万元；

5. 采购原材料 2400 万元，用银行存款支付了 1600 万元，其余没有支付；

6. 预付货款 150 万元，购买原材料；

7. 购买的原材料全部投入生产，又支付加工费 1200 万元；

8. 产品完工，验收入库，完工产品价值 3300 万元；

9. 售出产品，价款 4300 万元，产品成本 3100 万元；货款收到了 3000 万元，其余没有收到；

10. 支付专设销售机构的经费 250 万元，管理人员工资 200 万元；

11. 支付 50 万元，成功研制成了空间净化系统；

12. 支付本年利息支出 130 万元；

13. 支付 100 万元所得税费用；

14. 用现金股利形式分配给股东 100 万元利润。

这样归纳后，你开始了资产负债表的编制工作。还真是不容易，原来以为大学 3 年应付个实际工作不成问题，但想不到"货币资金、存货、预收账款、应收账款"这些熟悉的字眼与实践一联系，才发现自己居然不认识他们！

现在，请同学们根据这 14 项经济业务编制资产负债表，并展示，讲述各个项目内容是如何得来的？

 知识准备

理解财务报表是财务报表分析的前提，只有完全理解财务报表的内容才能准确地分析财务报表。通过解读资产负债表可以了解一个企业在某一特定时期所拥有的或控制的经济资源及其分布构成情况，以便对企业的生产经营能力、偿债能力和资产的流动性等进行分析，了解企业的财务状况和资金构成等，以评价企业的财务指标。

一、资产负债表的理论根据和作用：

（一）资产复制表的定义：资产负债表表示企业在一定日期（通常为各会计期末）的

财务状况（即资产、负债和所有者权益的状况）的主要财务报表。资产负债表利用会计平衡原则，将呵护会计原则的资产、负债和股东权益交易科目分为"资产"和"负债及股东权益"俩大区块，在经过分录、转账、分类装、失算、调整等会计程序后，以特定日期的静态企业情况为基准，浓缩成一张报表，让报表阅读者了解企业经营状况。

（二）理论根据：资产负债表是反映企业在某一特定日期财务状况的报表。资产负债表是以"资产-负债＝所有者权益"为理论根据的。

（三）作用：

（1）资产负债表反映了企业拥有或控制的能够以货币计量的经济资源和这些资源的来源。可以揭示企业所掌握的资源及其分布结构，相当于企业的家底。

（2）可以反映企业资产和负债、所有者权益的总体规模和结构，为报表使用者提供了企业在某一特定日期的资产、负债和所有者权益总额及其构成情况。据此可以判断资本保值、增值情况以及对债务的保障程度。

（3）资产负债表能够提供财务分析的基本资料。包括帮助财务分析人员评估企业目前的财务状况，偿债能力和财务风险；

（4）可据以评价企业的财务弹性。企业的财务弹性是指企业应付各种挑战、适应各种变化的能力，包括适应能力和防御能力，主要表现为：资产的流动性或变现能力；筹措资金的能力；资产负债表所展示的资源分布情况及对资源的控制情况，是解释、评价企业财务弹性的主要依据。

（四）资产负债表的结构：

资产负债表的结构一般是指资产负债表的组成内容及各项目在表内的排列顺序。就组成内容而言，资产负债表一般有表首、正表两部分。其中，表首包括报表名称、编制单位、编制日期、报表编号、货币名称、计量单位等。正表是资产负债表的主体，列示了用以说明企业财务状况的各个项目。

资产负债表正表的格式，国际上流行的主要有账户式资产负债表和报告式资产负债表。

账户式资产负债表是左右结构，是将资产项目列示在报表的左方，按照流动性强弱排列；负债和所有者权益项目列示在报表的右方，负债类项目在上，按照到期日先后排列；所有者权益类项目在下，按永久性强弱排列；具体格式如下：

表1-1 资产负债表

会企01表

编制单位：　　　　　　　　　　　　　__年__月__日　　　　　　　　　　　　　单位：元

资产	期末余额	年初余额	负债和所有者权益（或股东权益）	期末余额	年初余额
流动资产：			流动负债：		
货币资金			短期借款		
交易性金融资产			交易性金融负债		
衍生金融资产			衍生金融负债		
应收票据			应付票据		
应收账款			应付账款		
应收款项融资					
预付款项			预收款项		
其他应收款			合同负债		
存货应付			职工薪酬		
合同资产			应交税费		
持有待售资产			其他应付款		
一年内到期的非流动资产			持有待售负债		
其他流动资产			一年内到期的非流动负债		
流动资产合计			其他流动负债		
非流动资产：			流动负债合计		
债权投资			非流动负债：		
其他债权投资			长期借款		
长期应收款			应付债券		
长期股权投资			其中：优先股		
其他权益工具投资			永续债		
			租赁负债		
其他非流动金融资产			长期应付款		
投资性房地产			预计负债		
固定资产			递延收益		
在建工程			递延所得税费用负债		
生产性生物资产			其他非流动负债		
油气资产			非流动负债合计		
使用权资产					
无形资产			负债合计		
开发支出			所有者权益（或股东权益）：		
商誉			实收资本（或股本）		

续表

资产	期末余额	年初余额	负债和所有者权益（或股东权益）	期末余额	年初余额
长期待摊费用			其他权益工具		
递延所得税费用资产			其中：优先股		
其他非流动资产			永续债		
非流动资产合计			资本公积		
			减：库存股		
			其他综合收益		
			专项储备		
			盈余公积		
			未分配利润		
			所有者权益（或股东权益）合计		
资产总计			负债和所有者权益（或股东权益）总计		

单位负责人：　　　　　　财务主管：　　　　　　复核：　　　　　　制表：

二、资产负债表的填列方法：

（一）根据总账科目余额直接填列：

资产负债表各项目的数据来源，主要是根据总账科目的期末余额直接填列，如"应收票据"项目，根据"应收票据"总账科目的期末余额直接填列；"短期借款"项目，根据"短期借款"总账科目的期末余额直接填列等等。

（二）根据总账科目余额计算填列

资产负债表某些项目需要根据若干个总账

科目的期末余额计算填列，如"货币资金"项目，根据"现金"、"银行存款"、"其他货币资金"科目的期末余额的合计数填列。

（三）根据明细科目余额计算填列

资产负债表某些项目不能根据总账科目的期末余额，或若干个总账科目的期末余额计算填列，需要根据有关科目所属的相关明细科目的期末余额计算填列，如"应付账款"项目，根据"应付账款"、"预付账款"科目的所属相关明细科目的期末贷方余额计算填列。

（四）根据总账科目和明细科目余额分析计算填列

资产负债表上某些项目不能根据有关总账科目的期末余额直接或计算填列，也不能根据有关科目所属相关明细科目的期末余额计算填列，需要根据总账科目和明细科目余额分析计算填列，如"长期借款"项目，根据"长期借款"总账科目余额扣除"长期借款"科目所属的明细科目中反映的将于一年内到期的长期借款部分分析计算填列。

（五）根据科目余额减去其备抵项目后的净额填列

如"短期投资"项目，由"短期投资"科目的期末余额减去其"短期投资跌价准备"备抵科目余额后的净额填列。又如"无形资产"项目，按照"无形资产"科目的期末余额减去"无形资产减值准备"科目期末余额后的净额填列，以反映无形资产的期末可收回余额。

在我国，资产负债"年初数"栏各项目数字，应根据上年末资产负债表"期末数"栏内所列数字填列。如果本年度资产负债表规定的各个项目的名称和内容向上年度不相一致，则应对上年年末资产负债表各项目的名称和数字按照本年度的规定进行调整，填入报表中的"年初数"栏内。资产负债表的"期末数"栏各项目主要是根据有关科目记录编制的。

表 1-2　关键资产负债表项目编制方法一览表

项目	编制方法
货币资金	"库存现金" + "银行存款" + "其他货币资金"
应收账款	"应收账款"及"预收账款"的明细账借方余额之和减去"坏账准备"
预收账款	"应收账款"及"预收账款"的明细账贷方余额之和
应付账款	"应付账款"和"预付账款"明细账贷方余额之和
预付账款	"应付账款"和"预付账款"明细账借方余额之和
存货	"原材料" + "委托加工物资" + "周转材料" + "材料采购" + "在途物资" + "发出商品" + "材料成本差异"（借方）+ "生产成本" – "存货跌价准备" 【注意】不包括工程物资
固定资产	"固定资产" – "累计折旧" – "固定资产减值准备"
无形资产	"无形资产" – "累计摊销" – "无形资产减值准备"
投资性房地产	1. 成本模式："投资性房地产" – "投资性房地产累计折旧" – "投资性房地产减值准备" 2. 公允模式：明细相加
长期应收款	下一年不到期的"长期应收款" – "未实现融资收益"
长期借款	下一年不到期的"长期借款"
长期应付款	下一年不到期的"长期应付款" – "未确认融资费用"
应付债券	下一年不到期的"应付债券"
未分配利润	"本年利润"和"利润分配"分析填列

二、相关理论：

（一）货币资金

是企业资产的重要组成部分，是企业资产中流动性较强的一种资产。

货币资金分为库存现金、银行存款及其他货币资金。

库存现金：存放在出纳保险柜中的现金。包括人民币现金和外币现金。

（二）银行结算方式：

1. 银行汇票

银行汇票的付款期限为自出票日起 1 个月内。外地的结算支付方式。

2. 银行本票

银行本票的付款期限为自出票日起最长不超过 2 个月，在付款期内银行本票见票即付。

3. 商业汇票

商业汇票的付款期限由交易双方商定，但最长不得超过 6 个月。异地和同城均可使用，在会计核算上，商业汇票通过应收票据和应付票据来核算。商业汇票按承兑人不同分为商业承兑汇票和银行承兑汇票两种。

4. 支票

5. 信用卡

6. 汇兑

7. 委托收款

8. 信用证

信用证结算方式是国际结算的一种主要方式。

（三）其他货币资金

有些货币资金的存款地点和用途与库存现金和银行存款不同，如外埠存款、银行汇票存款、银行本票存款、信用证保证金存款、信用卡存款、存出投资款等，这些资金在会计核算上统称为"其他货币资金"。

（四）银行存款开户的有关规定

银行存款账户分为基本存款账户、一般存款账户、临时存款账户和专用存款账户。

基本存款账户是企业办理日常结算和现金收付的账户。一个企业只能选择一家银行的一个营业机构开立一个基本存款账户，不得在同一家银行的几个分支机构开立一般存款账户。

任务完成过程总结

1. 用到的主要知识点总结：

货币资金，存货

2. 解决问题的方式总结：

归纳总结很重要，从纷繁的事务中找出规律和共同点，有助于高效率解决问题；

归纳一下 14 项经济业务，包括以下几个方面：

2.1 企业设立时候要做什么？

2.2 开始生产时候会发生哪些业务？

2.3 产品销售时会有哪些业务？

2.4 销售后呢？

3. 拓展思考题：

3.1 为什么会有应收账款？

3.2 典型的其他应收款是什么？

3.3 流动和非流动的区别是什么？

3.4 企业卖掉账面价值 3000 万的房子，售价 1.6 亿元，归还到期欠款 1.6 亿元，企业由亏损 3000 万，转为盈利 1 亿元，算会计作假吗？

练习题

一、选择题（第 2-5 题是单选，第 1，7 题是多选）

1. 下列各项中，应计入资产负债表"存货"项目的有（   ）。

A. 周转材料　　　　B. 工程物资　　　　C. 委托加工物资

D. 在产品　　　　　　　　　　　E. 库存商品

2. 企业资本结构发生变动的原因是（   ）。

A. 发行新股　　　　　　　　B. 资本公积转股

C. 盈余公积转股　　　　　　D. 以未分配利润送股

3. 变现能力最强的资产项目是（   ）。

A. 应收票据　　　　　　　　B. 应收账款

C. 货币资金　　　　　　　　D. 交易性金融资产

4. "应收账款"账户所属明细账中的贷方余额，应计入的资产负债表项目是（   ）。

A. 应收账款　　　B. 预收账款　　　C. 应付账款　　　D. 预付账款

5. 企业"应付账款"科目所属明细科目期末借方余额，应计入的资产负债表项目是（   ）。

A. 预收账款　　　B. 预付账款　　　C. 应付账款　　　D. 应收账款

6. 20××年某企业发生的部分经济业务如下：

12 月 31 日，甲企业"应收账款——A 公司"明细账户借方期末余额为 6 000 元，"应收账款——B 公司"明细账户贷方期末余额为 1 000 元，"预收账款——C 公司"明细账户贷方期末余额为 10 000 元，"预收账款——D 公司"明细账户借方期末余额为 3 000 元，"坏账准备——应收账款"明细账户贷方期末余额为 1 500 元。要求：20××年 12 月 31 日，资产负债表"应收账款"项目的金额为(　　　)。

A. 3 500 元　　　　　B. 5 000 元　　　　　C. 7 500 元　　　　　D. 9 000 元

7. 下列资产负债表项目中，应当根据总账科目期末余额直接填列的有 (　　　)。

A. 长期股权投资　　B. 应收账款　　　C. 预付账款

D. 交易性金融资产　　　　　　　　E. 预计负债

二、判断题

1. 资产负债表中某项目的变动幅度越大，对资产或权益的影响就越大。　　(　　)

2. 如果本期总资产比上期有较大幅度增加，表明企业本期经营卓有成效。　　(　　)

3. 只要本期盈余公积增加，就可以断定企业本期经营是有成效的。　　(　　)

4. 固定资产的比重越高，企业资产的弹性越差。　　(　　)

5. 如果企业的资金全部是权益资金，则企业既无财务风险也无经营风险。　　(　　)

6. 如果本期末分配利润少于上期，说明企业本期经营亏损。　　(　　)

7. 非生产用固定资产的增长速度一般不应超过生产用固定资产的增长速度。　　(　　)

8. 资本公积转股会摊薄每股收益。　　(　　)

9. 公司长期借款增加通常表明其在资本市场上的信誉良好。　　(　　)

任务二 利润表的编制

学习目标

1. 知识目标：理解利润表的结构和理论根据
2. 能力目标：会编制利润表

任务导入

你现在已经是曙光公司的会计了，请你根据任务一的14项经济业务编制利润表，并向报表使用人解释营业收入，营业成本，税金及其附加等项目；

表 1-3 利润表

会企 02 表

编制单位：曙光股份有限公司 　　　　__年__月 　　　　单位：元

项　　目	本期金额	上期金额
一、营业收入		
减：营业成本		
税金及附加		
销售费用		
管理费用		
研发费用		
财务费用		
其中：利息费用		
利息收入		
加：其他收益		
投资收益（损失以"-"号填列）		
其中：对联营企业和合营企业的投资收益		
以摊余成本计量的金融资产终止确认收益		
净敞口套期收益（损失以"-"号填列）		

项　　目	本期金额	上期金额
公允价值变动收益（损失以"-"号填列）		
资产减值损失		
信用减值损失		
资产处置收益（损失以"-"号填列）		
二、营业利润（亏损以"-"号填列）		
加：营业外收入		
减：营业外支出		
三、利润总额（亏损总额以"-"号填列）		
减：所得税费用		
四、净利润（净亏损以"-"号填列）		
（一）持续经营净利润（净亏损以"-"号填列）		
（二）终止经营净利润（净亏损以"-"号填列）		
五、其他综合收益的税后净额		
（一）不能重分类进损益的其他综合收益		
1. 重新计量设定受益计划变动额		
2. 权益法下不能转损益的其他综合收益		
3. 其他权益工具投资公允价值变动		
4. 企业自身信用风险公允价值变动		
……		
（二）将重分类进损益的其他综合收益		
1. 权益法下可转损益的其他综合收益		
2. 其他债权投资公允价值变动		
3. 金融资产重分类计入其他综合收益的金额		
4. 其他债权投资信用减值准备		
5. 现金流量套期储备		
6. 外币财务报表折算差额		
……		
六、综合收益总额		
七、每股收益：		
（一）基本每股收益		
（二）稀释每股收益		

 **知识准备**

（一）利润表及其理论依据

利润表是反映企业在一定会计期间生产经营成果的财务报表。利润表是依据"收入-费用=利润"的会计等式编制而成的，通常按照重要性程度排序。第一部分是营业收入，包括主营业务收入和其他业务收入；由营业收入减去营业成本、税金及附加，期间费用等，加上投资收益和公允价值变动损益构成第二部分营业利润；第三部分是利润总额，由营业利润加上营业外收入，减去营业外支出构成。第四部分是净利润，由利润总额减去所得税费用构成。用公式表示：

营业收入=主营业务收入+其他业务收入

营业利润=营业收入-营业成本-税金及附加-期间费用+公允价值变动损益+投资收益

利润总额=营业利润+营业外收入-营业外支出

净利润=利润总额-所得税费用

利润表的列报必须充分反映企业经营业绩的主要来源和构成，有助于报表信息使用者判断净利润的质量及其风险，有助于使用者预测净利润的持续性，从而作出正确的决策。

利润表根据损益类账户的发生额编制而成，是一种动态报表。运用利润表，可以分析、预测企业的经营成果和获利能力、偿债能力，分析、预测未来的现金流动状况，分析、考核经营管理人员的业绩，为利润分配提供重要依据。

（二）利润表的结构和作用：

1 结构：常见的利润表结构主要有单步式和多步式两种。在我国，企业利润表采用的基本上是多步式结构，即通过对当期的收入、费用、支出项目按功能加以归类，分步计算当期净损益。

2 作用：

（1）反映企业在一定期间内的经营成果

利润表可以反映企业在一定期间内的经营成果，或者说它可以告诉大家，这段时间企业是赚钱还是赔钱了，如果赚钱赚在什么地方，如果赔钱又主要赔在何处等。这就为外部投资者和债权人提供了有价值的决策信息。

（2）有助于评价企业的获利数量和质量

如果评价一个企业是否具有持久的盈利能力，主要看主营业务利润或营业利润。如果一个企业主营业务利润多，或营业利润多，则企业获利质量高；如果企业的营业外收入很多，可以认为企业创造利润数量多，但不能认为企业利润质量高。

（3）有助于判断企业的价值

对一个企业的价值进行衡量时，企业的获利能力通常是评价其价值的一个重要因素。

比如，某企业是一家上市企业，那么该企业本身的价值与其获利质量是有联系的，财务报告使用者可以借助于盈利质量来评价企业的价值。

（4）预测企业未来盈利变化的趋势

借助利润表可以预测企业未来盈利变化的趋势和前景。比如将第 1 年、第 2 年、第 3 年、第 4 年的利润表排列在一起作比较，如主营业务收入第 1 年为 105 万元，第 2 年为 120 万元，第 3 年为 145 万元，第 4 年为 210 万元，从企业主营业务收入的变化就可以看出该企业的销售收入呈上升趋势，市场越做越大。再如某企业的管理费用率第 1 年为 20%，第 2 年为 19.2%，第 3 年为 18.3%，第 4 年为 18.1%，企业管理费用的变化说明企业取得同等收入的情况下行政管理开支压缩了。

此外，将利润表信息与资产负债表等其他报表信息相结合，还可以提供很多有用的财务分析指标，如各种资产周转率、资产收益率、市盈率等基本分析指标。为决策提供丰富的信息。

（三）相关术语的含义：

1. 营业收入

营业收入是指企业日常经营活动中取得的经济利益的流入。它是企业业绩的最重要、最基本的来源。营业收入包括企业主要经营活动和非主要经营活动所带来的收入总额，会计核算上分别称之为主营业务收入和其他业务收入。收入是企业财富和所有者权益增长的基础。

2. 营业成本

营业成本反映企业在主要经营活动以及其他业务所发生的成本总额。在会计核算中主要分为主营业务成本和其他业务成本两部分。营业成本不同于其他费用，它是直接依附于相关产品或劳务的、被对象化了的成本费用。比如，对于工商企业而言，主营业务成本通常就是售出的库存商品的进货成本或生产成本。营业成本与营业收入相配比，二者之间的差额就是通常所谓的毛利额，它代表着企业所从事的商品和劳务的盈利水平。

3. 税金及附加

税金及附加项目反映企业在本期经营活动中应负担的流转税费，比如消费税、城市维护建设税、资源税、土地增值税和教育费附加等。税金及附加费用的高低和企业商品流转额或劳务供应量具有正相关关系，也体现了企业对于社会的一种义务。

流转税就是只要有收入就要缴纳的税金；

税金及附加项目不包括增值税；

城市维护建设税基数是增值税和消费税之和。

4. 销售费用

销售费用是用来核算企业在销售过程中发生的各项费用以及为了销售而专门设立的销售机构的经营费用。销售费用的具体项目包括产品销售过程中发生的费用，例如包装费、运输费、装卸费、保险费、出借包装物等周转材料的成本消耗以及委托代销费用等；也包括为了促销商品而发生的费用，如广告费、展览费、经营租赁费、售后服务费、产品质量保证损失等；还包括专设销售机构（含销售公司、销售网点、售后服务网点等）的经营费用，如相关职工薪酬、业务经费、销售用固定资产的折旧费、修理费等。对于商品流通企业，如果管理费用不多，也可以将相关内容并入销售费用中加以核算和反映。

5. 管理费用

管理费用反映企业为组织管理企业经营活动所发生的各项费用。管理费用内容庞杂，细目众多，几乎成了费用之"筐"，那些应当由企业统一负担的费用一般都计入管理费用中。例如公司董事会和总部各行政管理部门中的职工薪酬（包括工资、职工福利费、住房公积金、各种社会保险费、工会经费、职工教育经费、非货币性福利、辞退福利等）、公司经费、董事会费、聘请中介机构费、咨询费（含顾问费）、诉讼费、不予资本化的研发费用、技术转让费、业务招待费、用于经营管理活动的无形资产摊销、报经批准处理的存货盘亏毁损净损失等。

6. 财务费用

财务费用主要是指企业为筹集生产经营所需资金而发生的各项费用。财务费用包括利息支出（利息收入冲减财务费用）、汇兑损益、金融机构手续费。此外，像分期收款销售商品、售后回购、售后回租等如果是带有融资性质的活动，相关资金使用成本也应在一定期限内分配计入财务费用。值得注意的是，借款费用应当考虑资本化问题，只有非资本化的金额才计入财务费用。

7. 资产减值损失

资产减值损失用来反映企业因资产价值减损而计提资产减值准备所形成的损失。根据新企业会计准则的规定，为了体现资产真正的价值，并且本着谨慎性原则，当企业资产的可收回金额低于账面价值时，原则上都应当估计减值损失并加以确认和计量，只不过使用的具体准则不尽相同。

8. 公允价值变动损益

公允价值变动损益用来反映企业交易性金融资产、交易性金融负债、采用公允价值计量模式计量的投资性房地产、衍生工具、套期保值业务等公允价值变动形成的且其变动计入当期损益的利得或损失。公允价值指的是在公平交易中，熟悉情况的交易双方自愿进行资产交换或债务清偿的金额。会计上采用公允价值计量的资产通常都是一些对价格变化比较敏感的资产，企业一般会采取盯市管理策略。值得注意的是，不要把公允价值下降造成的变动损益和上述资产减值损失混为一谈。资产减值损失往往表现为公允价值下降，但该下降通常是大幅度的、短期内难以恢复或者挽回的价值减损。

9. 投资收益

投资收益反映企业确认的投资收益或者损失。在会计上，确认投资收益的事项主要有：采用成本法核算的长期股权投资的应收股利收入；采用权益法核算的长期股权投资中，因被投资方净利润（或亏损）而计算应享有（或承担）的份额；企业持有的交易性金融资产、交易性金融负债、在持有期前获得的应收股利或者应收利息收入；上述资产或负债的出售或处置损益等。此外，交易性金融资产（或交易性金融负债）在取得时支付的佣金、手续费等相关交易费用也计入投资收益（冲减投资收益）。

10. 营业外收入和营业外支出

营业外收入（营业外支出）是指企业发生的与经营业务无直接关系的各项利得（损失）。会计上通过营业外收入核算的项目主要有非货币性资产交换利得、出售无形资产收益、企业合并损益、盘盈利得、因债权人原因确实无法支付的应付款项、政府补助、教育费附加返还款、罚款收入、捐赠利得等；通过营业外支出核算的项目主要有非流动资产处置损失、非货币性资产交换损失、捐赠支出、非常支出、罚没支出、固定资产等非流动资产盘亏毁损损失等。提请注意，与营业活动的收入和费用不同，营业外收入和营业外支出不存在对应或配比关系，某种事项的发生可能有收入而不需要为此付出什么，同样，有些事项的发生仅仅有"付出"而不会得到什么"回报"。因此，这类事项如果出现异常，则需要财务报告使用者做一些特殊处理，比如考察企业的盈利能力。

11. 所得税费用

所得税是指国家对法人、自然人和其他经营组织在一定时期内的各种所得征收的一类税收。我国规定一般企业所得税的税率为25%。

12. 每股收益：

每股收益是指当期归属于普通股股东的净利润中，每一普通股所能享有（或应负担）的金额。

（1）基本每股收益：指税后利润与股本综述的比率。

（2）稀释每股收益：以基本每股收益为基础，假设企业所有发行在外的稀释性潜在普通股均已转换为普通股，从而分别调整归属于普通股股东的当期净利润以及发行在外的普通股的加权平均数为依据计算而得的每股收益。

（四）利润表编制举例

A股份有限公司20××年度有关损益类科目本年累计发生净额如表1-4所示。

表1-4　A股份有限公司损益类科目

20××年度累计发生净额　　　　　　　　　　　　　　　　　　　　　　　　单位：元

科目名称	借方发生额	贷方发生额
主营业务收入		1 250 000
主营业务成本	700 000	
税金及附加	2 000	

续表

科目名称	借方发生额	贷方发生额
销售费用	20 000	
管理费用	157 100	
财务费用	41 500	
资产减值损失	30 900	
投资收益		31 500
营业外收入		50 000
营业外支出	19 700	
所得税费用	112 596	

表 1-5　利润表

会企 02 表

编制单位：A 股份有限公司　　　　20××年　　　　　　　　　　单位：元

项目	本期金额	上期金额（略）
一、营业收入	1 250 000	
减：营业成本	700 000	
税金及附加	2 000	
销售费用	20 000	
管理费用	157 100	
财务费用	41 500	
资产减值损失	30 900	
加：公允价值变动收益（损失以"-"号填列）	0	
投资收益（损失以"-"号填列）	31 500	
其中：对联营企业和合营企业的投资收益	0	
二、营业利润（亏损以"-"号填列）	330 000	
加：营业外收入	50 000	
减：营业外支出	19 700	
其中：非流动资产处置损失	（略）	
三、利润总额（亏损总额以"-"号填列）	360 300	
减：所得税费用	90 075	
四、净利润（净亏损以"-"号填列）	270 225	
五、每股收益：	（略）	

续表

项目	本期金额	上期金额（略）
（一）基本每股收益		
（二）稀释每股收益		

任务实施：

出错情境：

营业收入的范围有误

营业利润的范围有错

所得税费用的计算错误

练习题

一、单项选择题

1. 下列各项中，不属于利润表项目的是(　　　)。

A. 投资收益　　　　B. 每股收益　　　　C. 资产减值损失　　　　D. 长期待摊费用

2. 20××年度乙公司的营业收入为 2 850 万元，营业成本为 2 445 万元，投资损失为 25 万元，营业外支出为 45 万元、所得税费用为 35 万元。乙公司营业利润为(　　　)。

A. 300 万元　　　　B. 335 万元　　　　C. 380 万元　　　　D. 405 万元

3. 如果企业本年销售收入增长快于销售成本的增长，那么企业本年营业利润(　　　)。

A. 一定大于零

B. 一定大于上年营业利润

C. 一定大于上年利润总额

D. 不一定大于上年营业利润

4. 下列各项，属于企业收入的是(　　　)

A. 公允价值变动净收益

B. 营业收入

C. 投资收益

D. 营业外收入

5. 某企业 20××年 12 月出售原材料取得价款 800 万元，出售固定资产取得价款 1 000 万元，转让无形资产使用权取得价款 2 000 万元，假定没有其他项目并且不考虑相关税费，应计入本月利润表"营业收入"项目的金额是(　　　)。

A. 1 800 万元　　　　B. 2 800 万元　　　　C. 3 000 万元　　　　D. 3 800 万元

6. 某企业 20××年的营业收入为 80 万元，营业成本为 55 万元，销售费用为 2 万元，管理费用为 9 万元，投资收益为 1 万元，营业外支出为 0. 5 万元，所得税费用为 3 万元。则该企业 20××年利润表中的利润总额为(　　　)。

A. 11 万元　　　　B. 12 万元　　　　C. 11. 5 万元　　　　D. 14. 5 万元

7. 某企业年初"利润分配——未分配利润"科目借方余额为 50 万元，本年度税后利润为 80 万元，按 10% 提取法定盈余公积，按 10% 提取任意盈余公积，则企业本年末"利润分配——未分配利润"科目贷方余额为（　　）。

 A. 14 万元   B. 24 万元   C. 30 万元   D. 64 万元

二、多项选择题

1. 下列各项，属于影响企业利润因素的有（　　）。

 A. 股东权益 B. 收入   C. 费用   D. 利得

2. 对利润总额进行分析，主要侧重于对组成利润总额的（　　）项目进行比较分析。

 A. 营业外收入 B. 营业利润 C. 营业外支出 D. 所得税费用

3. 对净利润分析的内容，包括对形成净利润的（　　）等方面的分析。

 A. 各项目的增减变动   B. 各项目的结构变动

 C. 营业外支出   D. 变动差异较大的重点项目

4. 财务费用项目分析的内容包括（　　）。

 A. 借款总额 B. 利息支出 C. 利息收入 D. 汇兑收益

5. 下列各项中，属于利润表中"营业利润"构成内容的有（　　）。

 A. 营业成本 B. 所得税费用 C. 财务费用

 D. 投资收益   E. 公允价值变动损益

6. 下列各项中，应记入企业"管理费用"科目的有（　　）。

 A. 支付的诉讼费   B. 缴纳的车船使用税

 C. 摊销的债券溢价   D. 计提的坏账准备

 E. 支付的产品展览费

三、判断题

1. 营业利润是企业营业收入与营业成本费用及税金之间的差额。它既包括主营业务利润，又包括其他业务利润，并在二者之和基础上减去管理费用与财务费用 （　　）

2. 息税前利润是指没有扣除利息和所得税费用的利润，即等于利润总额与利息支出之和。 （　　）

3. 如果企业的营业利润主要来源于投资收益，则应肯定企业以前的投资决策的正确性，但要分析企业内部管理存在的问题，以提高企业经营活动内在的创新力。 （　　）

4. 销售成本变动对利润有着直接影响，销售成本降低多少，利润就会增加多少。 （　　）

5. 企业成本总额的增加不一定意味着利润的下降和企业管理水平的下降。 （　　）

6. 增值税率的变动对产品销售利润没有影响。 （　　）

7. 价格变动对营业收入的影响额与对利润的影响额不一定总是相同的。 （　　）

任务三　现金流量表的编制

学习目标

知识目标：理解现金流量表的结构

能力目标：会编制简单的现金流量表

任务导入

请你根据任务一的 14 项经济业务编制现金流量表，并向报表使用人解释现金流量表的主要项目；

 知识准备

一、现金流量表中的现金和现金流量

现金流量表是以现金和现金等价物为基础编制的，反映其流入和流出情况的报表。因此，"现金""现金等价物"和"现金流量"是现金流量表中的三个重要概念。

1. 现金：现金流量表中的现金包括库存现金，银行存款和其他货币资金和现金等价物；

其他货币资金是指企业存在金融企业有特定用途的资金。也就是其他货币资金账户核算的银行存款，如外埠存款、银行汇票存款、银行本票存款、信用证保证金存款、在途货币资金等。

2. 现金等价物：现金等价物是指企业持有的期限短、流动性高、易于转换为已知金额的现金、价值变动风险很小的短期投资。特指 3 个月内可以变现的有价证券；

3. 现金流量：现金和现金等价物的流入和流出；需要注意的是，企业现金形式的转换不会产生现金的流入和流出，如从银行提取现金，现金形式的转换不构成现金流量；同理，现金等价物与现金之间的转换也不属于现金流量；

4. 现金净流量：现金流入–现金流出，当流出大于流入时，现金净流量为负数；

二、现金流量表的主要结构编制基础：

1. 主要结构：全部的现金流量项目被分为三类，即经营活动产生的现金流量、投资活动产生的现金流量和筹资活动产生的现金流量。每一类现金流量对企业发展的意义是不同的，在进行报表分析时应引起足够的注意；

2. 编制基础：收付实现制

三、现金流量表分析的作用：

（1）反映一定时期现金变动的原因。资产负债表反映的是结果，无法知道原因；

（2）现金流量表能够分析企业获取现金的能力。

现金流量表反映了企业获取现金的原因，原因可以透视过程的合理性，判断获取现金的能力；如经营活动产生的现金流量，代表企业运用其经济资源创造的现金，如果这一部分所占比重大，企业获取现金流量的能力就强，筹资和投资活动创造的现金流量都应该是辅助手段，应以经营创造的现金流量充裕为基础；

（3）可以分析盈利的质量；利润表虽然反映企业一定期间的经营成果，有利润没有钱的企业有很多，有现金支持的利润才是高质量的利润；

（4）结合资产负债表，通过现金流量表可以了解企业产生的现金能否偿还到期债务，支付股利，进行必要的固定资产投资，分析企业现金流转的效率效果，有助于投资者，债权人做出信贷决策；

四、现金流量表各个项目的含义：

（一）经营活动现金流量项目：

1. 销售商品、提供劳务收到的现金

该项目反映企业本期销售商品、提供劳务收到的现金，以及前期销售商品、提供劳务本期收到的现金（包括销售收入和应向购买者收取的增值税销项税额）和本期预收的款项，减去本期销售本期退回的商品和前期销售本期退回的商品支付的现金。企业销售材料和代购代销业务收到的现金，也在本项目反映。

此项目是企业现金流入的主要来源，其数额不仅取决于当期销售商品、提供劳务取得的收入数额，还取决于企业的信用政策，这两个因素在未来期间都具有很强的持续性。通过与利润表中的营业收入总额相对比，可以判断企业销售收现率的情况。较高的收现率表明企业产品定位正确，适销对路，并已形成卖方市场的良好经营环境，但应注意也有例外的情况。

2. 收到的税费返还

该项目反映企业收到返还的增值税、营业税、所得税费用、消费税、关税和教育费附加返还款等各种税费。

该项目体现了企业在税收方面销售政策优惠所获得的已缴税金的回流金额。该项目通常数额不大，对经营活动现金流入量影响也不大。分析时应当关注企业享受的税收优惠在未来可持续的时间，以及哪些税收项目享受优惠。

3. 收到其他与经营活动有关的现金

该项目反映企业收到的罚款收入、经营租赁收到的租金等其他与经营活动有关的现金流入金额，金额较大的应当单独列示。

此项目具有不稳定性，数额不应过多且具有一定的偶然性，在分析时不应过多关注。如果该项目金额较大，还应观察剔除该项目后企业经营活动净现金流量的情况。

4. 购买商品、接受劳务支付的现金

该项目反映企业本期购买商品、接受劳务实际支付的现金（包括增值税进项税额），以及本期支付前期购买商品、接受劳务的未付款项和本期预付款项，减去本期发生的购货退回收到的现金。

此项目应是企业现金流出的主要方向，通常具有数额大、所占比重大等特点，在未来的持续性较强。将其与利润表中的营业成本相对比，可以判断企业购买商品销售付现率的情况，借此可以了解企业资金的紧张程度或企业的商业信用情况，从而可以更加清楚地认识到企业目前所面临的财务状况。

5. 支付给职工以及为职工支付的现金

该项目反映企业本期实际支付给职工的工资、奖金、各种津贴和补贴等职工薪酬，但应由在建工程、无形资产负担的职工薪酬以及支付的离退休人员的职工薪酬除外，二者分别在"购建固定资产、无形资产和其他长期资产支付的现金"和"支付其他与经营活动有关的现金"项目反映。

注意：不包括支付给在建工程、无形资产负担的职工薪酬以及支付离退休人员的职工薪酬。

此项目也是企业现金流出的主要方向，金额波动不大。分析时应关注该项目内容，企业是否将不应纳入其中的部分计算在内，同时该项目也可以在一定程度上反映企业生产经营规模的变化。

6. 支付的各项税费

该项目反映企业本期发生并支付的、本期支付以前各期发生的以及预交的教育费附加、矿产资源补偿费、印花税、房产税、土地增值税、车船税、预交的税费等。计入固定资产价值、实际支付的耕地占用税、本期退回的增值税和所得税费用等的税费除外。

此项目会随着企业销售规模的变动而变动。通过分析该项目，可以得到企业真实的税负状况。

7. 支付其他与经营活动有关的现金

该项目反映企业的罚款支出、支付的差旅费、业务招待费、保险费、经营租赁支付的现金等其他与经营活动有关的现金流出，金额较大的应当单独列示。

此项目具有不稳定性，数额不应过多。

（二）投资活动现金流量项目

投资活动是指企业长期资产的购建和不包括在现金等价物范围内的投资及其处置活动。但是，这里所讲的"投资活动"，既包括实物资产投资，也包括金融资产投资，它与会计准则所讲的"投资"是两个不同的概念。购建固定资产不是"投资"，但属于投资活动。

这里之所以将"包括在现金等价物范围内的投资"排除在外，是因为已经将包括在现金等价物范围内的投资视同现金。

投资活动产生的现金流入项目主要有：收回投资收到的现金，取得投资收益收到的现金，处置固定资产、无形资产和其他长期资产收回的现金净额，处置子公司及其他营业单位收到的现金净额，收到其他与投资活动有关的现金；投资活动产生的现金流出项目主要有：购建固定资产、无形资产和其他长期资产支付的现金，投资支付的现金，取得子公司及其他营业单位支付的现金净额，支付其他与投资活动有关的现金。

1. 收回投资收到的现金

该项目反映企业出售、转让或到期收回现金等价物以外的交易性金融资产、长期股权投资而收到的现金，以及收回长期债权资本而收到的现金，但长期债权投资收回的利息除外。

此项目不能绝对地追求数额较大。分析时应当注意企业是否将原本划分为持有至到期的投资在其未到期之前出售，如果存在此种情况，应注意企业是否存在资金紧张等问题。此外，如果企业处置了长期股权投资，应确定处置的意图到底是被投资企业的收益下滑，还是企业调整了未来期间的战略。

2. 取得投资收益收到的现金

该项目反映企业因股权性投资而分得的现金股利，从子公司、联营企业或合营企业分回利润而收到的现金。以及因债权性投资而取得的现金利息收入，但股票股利除外。

此项目表明企业进入投资回收期，通过分析可以了解投资回报率的高低。

3. 处置固定资产、无形资产和其他长期资产收回的现金净额

该项目反映企业出售、报废固定资产、无形资产和其他长期资产所取得的现金（包括因资产毁损而收到的保险赔偿收入），减去为处置这些资产而支付的有关费用后的净额，但现金净额为负数的除外。

此项目一般是偶发事件，在未来不具有可持续性，其金额一般也不大，但如果数额较大，表明企业的产业、产品结构将有所调整，或者表明企业未来的生产能力将受到严重的影响，已经陷于深度的债务危机之中，靠出售设备来维持经营。如果是后者，应引起企业的高度警惕。

4. 处置子公司及其他营业单位收到的现金净额

该项目反映企业处置子公司及其他营业单位取得的现金减去相关处置费用后的净额。

5. 购建固定资产、无形资产和其他长期资产支付的现金

该项目反映企业购买、建造固定资产、取得无形资产和其他长期资产所支付的现金及增值税款，支付的应由在建工程和无形资产负担的职工薪酬现金支出，但为购建固定资产而发生的借款利息资本化部分、融资租入固定资产所支付的租赁费除外。

此项目表明企业扩大再生产能力的强弱，可以了解企业未来的经营方向和获利能力，揭示企业未来经营方式和经营战略的变化。再有，不同经营周期的企业在该项目上发生的金额也不同，一般处于初创期和成长期的企业投资较多，该项目发生金额较大，而在衰退期的企业很少投资，甚至会卖出长期资产，降低经营规模。

6. 投资支付的现金

该项目反映企业取得的除现金等价物以外的权益性投资和债权性投资所支付的现金以及支付的佣金、手续费等附加费用。

此项目表明企业参与资本市场运作、实施股权及债权投资能力的强弱，分析投资方向与企业的战略目标是否一致。分析时应当关注企业在本部分的支出金额是否来自于闲置资金，是否存在挪用主营业务资金进行投资的行为。

7. 取得子公司及其他营业单位支付的现金净额

该项目反映企业购买子公司及其他营业单位出价中以现金支付的部分，减去子公司及其他营业单位持有的现金和现金等价物后的净额。

8. 收到其他与投资活动有关的现金、支付其他与投资活动有关的现金

这两个项目反映企业除上述1至7各项目外收到或支付的其他与投资活动有关的现金流入或流出，金额较大的应当单独列示。

（三）筹资活动现金流量项目

筹资活动是指导致企业资本及债务规模和构成发生变化的活动。这里所说的资本，既包括实收资本（股本），也包括资本溢价（股本溢价）；这里所说的债务，指对外举债，包括向银行借款、发行债券以及偿还债务等。应付账款、应付票据等商业应付款等属于经营活动，不属于筹资活动。

筹资活动产生的现金流入项目主要有：吸收投资收到的现金，取得借款收到的现金，收到其他与筹资活动有关的现金；筹资活动产生的现金流出项目主要有：偿还债务支付的现金，分配股利、利润或偿付利息支付的现金，支付其他与筹资活动有关的现金。

1. 吸收投资收到的现金

该项目反映企业以发行股票、债券等方式筹集资金实际收到的款项，减去直接支付给金融企业的佣金、手续费、宣传费、咨询费、印刷费等发行费用后的净额。

此项目表明企业通过资本市场筹资能力的强弱。该项目增加的现金流可以增加企业的信用能力，并有利于企业长期发展。

2. 取得借款收到的现金

该项目反映企业举借各种短期、长期借款而收到的现金。

此项目数额的大小，表明企业通过银行筹集资金能力的强弱，在一定程度上代表了企业商业信用的高低。

3. 偿还债务支付的现金

该项目反映企业以现金偿还债务的本金。

该项目与"取得借款收到的现金"结合起来，可以观察企业债务使用的方法，例如是否存在借新债还旧债，并由此使用短期资金用于长期投资的行为。同时结合企业经营活动现金流量，可以观察企业日常经营所需流动资金是自己创造，还是一直靠借款维持，如果是后者，则这样借入的现金质量不高。

4. 分配股利、利润或偿付利息支付的现金

该项目反映企业实际支付的现金股利、支付给其他投资单位的利润或用现金支付的借款利息、债券利息。

此项目可以反映企业现金的充裕程度。

5. 收到其他与筹资活动有关的现金、支付其他与筹资活动有关的现金

这两个项目反映企业除上述 1 至 4 项目外，收到或支付的其他与筹资活动有关的现金流入或流出，包括以发行股票、债券等方式筹集资金而由企业直接支付的审计和咨询费用、为购建固定资产而发生的借款利息资本化部分、融资租入固定资产所支付的租赁费、以分期付款方式购建固定资产以后各期支付的现金等。其数额一般较小，如果数额较大，应注意分析其合理性。

五、现金流量表的编制：

（一）主表的填列：

1. 确定主表的"经营活动产生的现金流量净额

（1）销售商品、提供劳务收到的现金＝利润表中主营业务收入×（1+13%）+利润表中其他业务收入+（应收票据期初余额-应收票据期末余额）+（应收账款期初余额-应收账款期末余额）+（预收账款期末余额-预收账款期初余额）-计提的应收账款坏账准备期末余额

（2）收到的税费返还＝（应收补贴款期初余额-应收补贴款期末余额）+补贴收入+所得税费用本期贷方发生额累计数

（3）收到的其他与经营活动有关的现金＝营业外收入相关明细本期贷方发生额+其他业务收入相关明细本期贷方发生额+其他应收款相关明细本期贷方发生额+其他应付款相关明细本期贷方发生额+银行存款利息收入（公式一）

具体操作中，由于是根据两大主表和部分明细账簿编制现金流量表，数据很难精确，该项目留到最后倒挤填列，计算公式是：

收到的其他与经营活动有关的现金（公式二）＝补充资料中"经营活动产生的现金流量净额"-｛（1+2）-（4+5+6+7）｝公式二倒挤产生的数据，与公式一计算的结果悬殊不会太大。

（4）购买商品、接受劳务支付的现金＝〔利润表中主营业务成本+（存货期末余额-存货期初余额）〕×（1+13%）+其他业务支出（剔除税金）+（应付票据期初余额-应付票据期末余额）+（应付账款期初余额-应付账款期末余额）+（预付账款期末余额-预付账款期初余额）

（5）支付给职工以及为职工支付的现金＝"应付工资"科目本期借方发生额累计数+"应付福利费"科目本期借方发生额累计数+管理费用中"养老保险金"、"待业保险金"、"住房公积金"、"医疗保险金"+成本及制造费用明细表中的"劳动保护费"

（6）支付的各项税费＝"应交税金"各明细账户本期借方发生额累计数+"其他应交款"各明细账户借方数+"管理费用"中"税金"本期借方发生额累计数+"其他业务支出"中有关税金项目，即：实际缴纳的各种税金和附加税，不包括进项税。

（7）支付的其他与经营活动有关的现金＝营业外支出（剔除固定资产处置损失）+管

理费用（剔除工资、福利费、劳动保险金、待业保险金、住房公积金、养老保险、医疗保险、折旧、坏账准备或坏账损失、列入的各项税金等）+营业费用、成本及制造费用（剔除工资、福利费、劳动保险金、待业保险金、住房公积金、养老保险、医疗保险等）+其他应收款本期借方发生额+其他应付本期借方发生额。

2. 确定主表的"投资活动产生的现金流量净额"

（1）收回投资所收到的现金=（短期投资期初数−短期投资期末数）+（长期股权投资期初数−长期股权投资期末数）+（长期债权投资期初数−长期债权投资期末数）

该公式中，如期初数小于期末数，则在投资所支付的现金项目中核算。

（2）取得投资收益所收到的现金=利润表投资收益−（应收利息期末数−应收利息期初数）−（应收股利期末数−应收股利期初数）

（3）处置固定资产、无形资产和其他长期资产所收回的现金净额="固定资产清理"的贷方余额+（无形资产期末数−无形资产期初数）+（其他长期资产期末数−其他长期资产期初数）

（4）收到的其他与投资活动有关的现金，如收回融资租赁设备本金等。

（5）购建固定资产、无形资产和其他长期资产所支付的现金=（在建工程期末数−在建工程期初数）（剔除利息）+（固定资产期末数−固定资产期初数）+（无形资产期末数−无形资产期初数）+（其他长期资产期末数−其他长期资产期初数）上述公式中，如期末数小于期初数，则在处置固定资产、无形资产和其他长期资产所收回的现金净额项目中核算。

（6）投资所支付的现金=（短期投资期末数−短期投资期初数）+（长期股权投资期末数−长期股权投资期初数）（剔除投资收益或损失）+（长期债权投资期末数−长期债权投资期初数）（剔除投资收益或损失）

该公式中，如期末数小于期初数，则在收回投资所收到的现金项目中核算。

（7）支付的其他与投资活动有关的现金，如投资未按期到位罚款。

3. 确定主表的"筹资活动产生的现金流量净额"

（1）吸收投资所收到的现金=（实收资本或股本期末数−实收资本或股本期初数）+（应付债券期末数−应付债券期初数）

（2）借款收到的现金=（短期借款期末数−短期借款期初数）+（长期借款期末数−长期借款期初数）

（3）收到的其他与筹资活动有关的现金：如投资人未按期缴纳股权的罚款现金收入等。

（4）偿还债务所支付的现金=（短期借款期初数−短期借款期末数）+（长期借款期

初数–长期借款期末数）（剔除利息）＋（应付债券期初数–应付债券期末数）（剔除利息）

（5）分配股利、利润或偿付利息所支付的现金＝应付股利借方发生额+利息支出+长期借款利息+在建工程利息+应付债券利息–预提费用中"计提利息"贷方余额–票据贴现利息支出

（6）支付的其他与筹资活动有关的现金：如发生筹资费用所支付的现金、融资租赁所支付的现金、减少注册资本所支付的现金（收购本公司股票，退还联营单位的联营投资等）、企业以分期付款方式购建固定资产，除首期付款支付的现金以外的其他各期所支付的现金等。

4. 确定补充资料：

"现金及现金等价物的净增加额"

现金的期末余额＝资产负债表"货币资金"期末余额；

现金的期初余额＝资产负债表"货币资金"期初余额；

现金及现金等价物的净增加额＝现金的期末余额–现金的期初余额。

一般企业很少有现金等价物，故该公式未考虑此因素，如有则应相应填列；

（二）附表的填列（间接法）

【思路】 将净利润调节为经营活动的现金流量。

1. 调整项目归类：

（1）没有实际支付现金的费用、没有实际收到现金的收益：资产减值准备、固定资产折旧、无形资产摊销、长期待摊费用摊销等。

（2）不属于经营活动的损益：处置固定资产损益、财务费用、投资损益、递延所得税资产增减等。

（3）存货增减、经营性应收应付项目的增减变动。

2. 具体填列方法：

（1）净利润：该项目根据利润表净利润数填列。

（2）计提的资产减值准备：计提的资产减值准备＝本期计提的各项资产减值准备发生额累计数

注：直接核销的坏账损失，不计入。

（3）固定资产折旧：固定资产折旧＝制造费用中折旧+管理费用中折旧

或：＝累计折旧期末数–累计折旧期初数

注：未考虑因固定资产对外投资而减少的折旧。

（4）无形资产摊销＝无形资产（期初数–期末数）或＝无形资产贷方发生额累计数

注：未考虑因无形资产对外投资减少。

（5）长期待摊费用摊销＝长期待摊费用（期初数–期末数）或＝长期待摊费用贷方发生额累计数

（6）待摊费用的减少（减：增加）＝待摊费用期初数–待摊费用期末数

（7）预提费用增加（减：减少）＝预提费用期末数–预提费用期初数

（8）处置固定资产、无形资产和其他长期资产的损失（减：收益）根据固定资产清理及营业外支出（或收入）明细账分析填列。

（9）固定资产报废损失：根据固定资产清理及营业外支出明细账分析填列。

（10）财务费用＝利息支出–应收票据的贴现利息

（11）投资损失（减：收益）＝投资收益（借方余额正号填列，贷方余额负号填列）

（12）递延税款贷项（减：借项）＝递延税款（期末数–期初数）

（13）存货的减少（减：增加）＝存货（期初数–期末数）

注：未考虑存货对外投资的减少。

（14）经营性应收项目的减少（减：增加）＝应收账款（期初数–期末数）＋应收票据（期初数–期末数）＋预付账款（期初数–期末数）＋其他应收款（期初数–期末数）＋待摊费用（期初数–期末数）–坏账准备期末余额

（15）、经营性应付项目的增加（减：减少）＝应付账款（期末数–期初数）＋预收账款（期末数–期初数）＋应付票据（期末数–期初数）＋应付工资（期末数–期初数）＋应付福利费（期末数–期初数）＋应交税金（期末数–期初数）＋其他应交款（期末数–期初数）

（16）、其他：一般无数据。

任务实施

表 1-6　现金流量表

编制单位：曙光公司　　　　　　　　　　　　　　　　　　　　　　20××年 12 月

项目	行次	金额
一、经营活动产生的现金流量：	1	
销售商品、提供劳务收到的现金	2	3000
收到的租金	3	
收到的税费返还	4	
收到的其他与经营活动有关的现金	5	
现金流入小计	6	3000

续表

项目	行次	金额
购买商品、接受劳务支付的现金	7	1750
支付给职工以及为职工支付的现金	8	1650
支付的各项税费	9	100
支付的其他与经营活动有关的现金	10	
现金流出小计	11	3500
经营活动产生的现金净流量	12	−500
二、投资活动产生的现金流量	13	
收回投资所收到的现金	14	
取得投资收益所收到的现金	15	
处置固定资产、无形资产和其他长期资产而收回的现金净额	16	
收到的其他与投资活动有关的现金	17	
现金流入小计	18	
购建固定资产、无形资产和其他长期资产所支付的现金	19	5900
投资所支付的现金	20	
支付的其他与投资活动有关的现金	21	
现金流出小计	22	5900
投资活动产生的现金流量净额	23	−5900
三、筹资活动产生的现金流量	24	
吸收投资所收到的现金	25	3200
借款所收到的现金	26	5100
收到的其他与筹资活动有关的现金	27	
现金流入小计	28	8300
偿还债务所支付的现金	29	
分配股利、利润或偿付利息所支付的现金	30	130
支付的其他与筹资活动有关的现金	31	100
现金流出小计	32	230
筹资活动产生的现金流量净额	33	8070
四、汇率变动对现金的影响	34	
五、现金及现金等价物净增加额	35	1 670

思考题

1. 现金流量表与利润表的编制基础各是什么？

2. 现金流量表的现金与资产负债表的货币资金一样吗？为什么？

练习题

一、单项选择题

1. 企业当期收到的税费返还应列入现金流量表的(　　)现金流入量。

A. 经营活动　　　　B. 投资活动　　　　C. 筹资活动　　　　D. 汇率变动影响

2. 能使经营现金流量减少的项目是(　　)。

A. 无形资产摊销　　　　　　　　B. 出售长期资产利得

C. 存货增加　　　　　　　　　　D. 应收账款减少

3. 在企业处于高速成长阶段，投资活动现金流量往往是(　　)。

A. 流入量大于流出量　　　　　　B. 流出量大于流入量

C. 流入量等于流出量　　　　　　D. 不一定

4. 根据《企业会计准则—现金流量表》的规定，支付的现金股利归属于 (　　)。

A. 经营活动　　　　B. 筹资活动　　　　C. 投资活动　　　　D. 销售活动

5. 下列财务活动中不属于企业筹资活动的是(　　)。

A. 发行债券　　　　　　　　　　B. 分配股利

C. 吸收权益性投资　　　　　　　D. 购建固定资产

6. 下列各项，属于工业企业投资活动产生的现金流量的是(　　)。

A. 向银行借款收到的现金　　　　B. 以现金支付的债券利息

C. 发行公司债券收到的现金　　　D. 以现金支付的在建工程人员工资

7. 下列各项，不在"销售商品、提供劳务收到的现金"项目中反映的是(　　)。

A. 应收账款的收回　　　　　　　B. 预收销货款

C. 向购买方收取的增值税销项税额　　D. 本期的购货退回

二、多项选择题

1. 现金流量表中现金所包括的具体内容是(　　)。

A. 库存现金　　　　B. 银行存款　　　　C. 短期证券　　　　D. 发行债券

2. 属于筹资活动现金流量的项目有(　　)。

A. 短期借款增加　　　　　　　　B. 增加长期投资

C. 取得债券利息收入收到的现金　　　　D. 偿还长期债券

3. 下列活动中,属于经营活动产生的现金流量的有(　　)。

A. 销售商品收到的现金　　　　　　　　B. 分配股利支付的现金

C. 提供劳务收到的现金　　　　　　　　D. 出售设备收到的现金

4. 属于筹资活动现金流量的项目有(　　)。

A. 短期借款的增加　　　　　　　　　　B. 支付给职工的现金

C. 取得债券利息收入　　　　　　　　　D. 分配股利所支付的现金

5. 从净利润调整为经营活动现金流量,应调增的项目有(　　)。

A. 流动负债减少　　　　　　　　　　　B. 固定资产折旧

C. 不减少现金费用　　　　　　　　　　D. 投资损失

6. 企业筹资活动产生的现金流量小于零,可能意味着(　　)。

A. 企业本会计期间大规模偿还债务　　　B. 企业当期进行了增资扩股

C. 企业在投资和扩张方面没有更多的作为　D. 企业无法取得新的借款

7. 下列各项中,属于现金流量表"现金及现金等价物"的有 (　　)。

A. 库存现金　　　　　　　　　　　　　B. 银行本票存款

C. 银行承兑汇票　　　　　　　　　　　D. 持有 2 个月内到期的国债

三、判断题

1. 固定资产折旧的变动不影响当期现金流量的变动。 (　　)

2. 经营活动产生的现金流量大于零说明企业盈利。 (　　)

3. 企业分配股利必然引起现金流出量的增加。 (　　)

4. 企业支付所得税费用将引起筹资活动现金流出量的增加。 (　　)

5. 现金流量表的编制基础是权责发生制。 (　　)

6. 财务费用项目引起的现金流量属于筹资活动现金流量。 (　　)

7. 即使是经营活动的净现金流量大于零,企业也可能仍然处于亏损状态。 (　　)

8. 企业经营活动产生的现金流量直接反映企业创造现金的能力。 (　　)

9. 经营活动净现金流量如果小于零,说明企业经营活动的现金流量自我适应能力较差,企业经营状况不好,属于不正常现象。 (　　)

四、计算题

1. 甲电器公司为增值税一般纳税企业。20××年度,甲电器公司主营业务收入为 1000 万元,增值税销项税额为 170 万元;应收账款期初余额为 100 万元,期末余额为 150 万元;预收账款期初余额为 50 万元,期末余额为 10 万元。假定不考虑其他因素,请计算甲电器公司 2009 年度现金流量表中"销售商品、提供劳务收到的现金"项目的金额。

2. 甲电器公司20××年度发生的管理费用为1200万元，其中：以现金支付退休职工统筹退休金200万元和管理人员工资500万元，存货盘亏损失20万元，计提固定资产折旧100万元，无形资产摊销50万元，计提坏账准备10万元，其余均以现金支付；20××年发生的销售费用500万元，均以现金支付。假定不考虑其他因素，请计算甲电器公司2009年度现金流量表中"支付的其他与经营活动有关的现金"项目的金额。

五、C公司20××年现金流量表如下：

表1-7　现金流量表

编制单位：C公司　　　　　　　　　20××年度　　　　　　　　　单位：万元

项目	金额
一、经营活动产生的现金流量净额	66 307
二、投资活动产生的现金流量净额	－108 115
三、筹资活动产生的现金流量金额	－101 690
四、现金及现金等价物净变动	
补充资料：	
1将净利润调节为经营活动的现金流量	
净利润	B
加：计提的资产减值准备	1 001
固定资产折旧	15 639
无形资产摊销	4
长期待摊费用的摊销	116
待摊费用的减少（减：增加）	－91
预提费用的增加（减：减少）	－136
处置固定资产、无形资产和其他资产的损失	0
固定资产报废损失	0
财务费用	2 047
投资损失（减：收益）	－4 700
存货的减少（减：增加）	17 085
经营性应收项目的减少（减：增加）	－2 437
经营性应付项目的增加（减：减少）	－34 419

项目	金额
其他	0
经营活动产生的现金流量净额	A
2 现金净增加情况	
现金的期末余额	27 558
减：现金的期初余额	D
现金净增加额	C

要求：

（1）填出表中 A，B，C，D 四项。

（2）分析 A 公司当期经营活动现金净流量与净利润出现差异的原因

任务四　所有者权益变动表和报表附注

学习目标

知识目标：理解所有者权益变动表的结构；

了解会计报告附注的主要内容

能力目标：会编制所有者权益变动表基本项目

所有者权益变动表

任务导入

请你根据表 2-4 和表 2-12 的信息，编制 T 公司所有者权益变动表；

 知识准备

所有者权益变动表是反映公司本期（年度或中期）内至截至期末所有者权益变动情况的报表。其中，所有者权益变动表应当全面反映一定时期所有者权益变动的情况。

20××年以前，公司所有者权益变动情况是以资产负债表附表形式予以体现的。新准则颁布后，要求上市公司于 20××年正式对外呈报所有者权益变动表，所有者权益变动表将成为与资产负债表、利润表和现金流量表并列披露的第四张财务报表。在所有者权益变动表中，企业还应当单独列示反映下列信息的。（1）所有者权益总量的增减变动。（2）所有者权益增减变动的重要结构性信息。(3) 直接计入所有者权益的利得和损失。

一、所有者权益变动表的内容及结构

（一）所有者权益变动表的内容

在所有者权益变动表中，企业至少应当单独列示反映下列信息的项目：

（1）净利润；（2）直接计入所有者权益的利得和损失项目及其总额；（3）会计政策变更和差错更正的累积影响金额；（4）所有者投入资本和向所有者分配利润等；（5）提取的盈余公积；（6）实收资本或股本、资本公积、盈余公积、未分配利润的期初和期末余额及其调节情况。

二、所有者权益变动表的填列方法

（一）上年金额栏的填列方法

所有者权益变动表"上年金额"栏内各项数字，应根据上年度所有者权益变动表"本年金额"栏内所列数字填列。如果上年度所有者权益变动表规定的各个项目的名称和内容同本年度不相一致，应对上年度所有者权益变动表各项目的名称和数字按本年度的规定进行调整，填入所有者权益变动表"上年金额"栏内。

（二）本年金额栏的填列方法

所有者权益变动表"本年金额"栏内各项数字一般应根据"实收资本（或股本）"、"资本公积"、"盈余公积"、"利润分配"、"库存股"、"以前年度损益调整"科目的发生额分析填列。

1. "上年年末余额"项目

反映企业上年资产负债表中实收资本（或股本）、资本公积、盈余公积、未分配利润的年末余额。

2. "会计政策变更"和"前期差错更正"项目了解

3. "本年增减变动额"项目

（1）"净利润"项目，反映企业当年实现的净利润（或净亏损）金额，并对应列在"未分配利润"栏。

（2）"其他综合收益"项目，反映企业当年直接计入所有者权益的利得和损失金额。

（3）"所有者投入和减少资本"项目，反映企业当年所有者投入的资本和减少的资本。其中：

"所有者投入资本"项目，反映企业接受投资者投入形成的实收资本（或股本）和资本溢价或股本溢价，并对应列在"实收资本"和"资本公积"栏。

（4）"利润分配"下各项目，反映当年对所有者（或股东）分配的利润（或股利）金额和按照规定提取的盈余公积金额，并对应列在"未分配利润"和"盈余公积"栏。其中：

① "提取盈余公积"项目，反映企业按照规定提取的盈余公积。

② "对所有者（或股东）的分配"项目，反映对所有者（或股东）分配的利润（或股利）金额。

（5）"所有者权益内部结转"下各项目，反映不影响当年所有者权益总额的所有者权益各组成部分之间当年的增减变动，包括资本公积转增资本（或股本）、盈余公积转增资本（或股本）、盈余公积弥补亏损等项金额。其中：

①"资本公积转增资本（或股本）"项目，反映企业以资本公积转增资本或股本的金额。

②"盈余公积转增资本（或股本）"项目，反映企业以盈余公积转增资本或股本的金额。

③"盈余公积弥补亏损"项目，反映企业以盈余公积弥补亏损的金额。

④其他

表1-8　T公司股东权益变动表

编制单位：T公司　　　　　　　　　　　　　　　　　　　　　　单位：元

报表日期	202×/12/31	20×9/12/31
期初数（股本）	9,452,410,000元	8,531,490,000元
本期增加（股本）	2,775,950,000元	920,918,000元
本期减少（股本）	—	—
期末数（股本）	12,228,400,000元	9,452,410,000元
变动原因（股本）	—	—
期初数（资本公积）	2,552,470,000元	1,584,740,000元
本期增加（资本公积）	2,931,440,000元	1,069,140,000元
本期减少（资本公积）	408,479,000元	101,413,000元
期末数（资本公积）	5,075,420,000元	2,552,470,000元
变动原因（资本公积）	—	—
期初数（盈余公积）	883,659,000元	753,874,000元
本期增加（盈余公积）	82,394,000元	129,785,000元
本期减少（盈余公积）	—	—
期末数（盈余公积）	966,053,000元	883,659,000元
变动原因（盈余公积）	—	—
期初数（法定公益金）	—	—
本期增加（法定公益金）	—	—
本期减少（法定公益金）	—	—
期末数（法定公益金）	—	—
变动原因（法定公益金）	—	—
期初数（未分配利润）	5,285,220,000元	2,743,900,000元

续表

报表日期	202×/12/31	20×9/12/31
本期增加(未分配利润)	—	—
本期减少(未分配利润)	1,058,610,000 元	641,890,000 元
期末数(未分配利润)	6,793,600,000 元	5,285,220,000 元
变动原因(未分配利润)	—	—
期初数(股东权益合计)	18,194,300,000 元	14,168,300,000 元
本期增加(股东权益合计)	5,707,380,000 元	1,990,060,000 元
本期减少(股东权益合计)	1,454,690,000 元	613,518,000 元
期末数(股东权益合计)	24,210,100,000 元	18,194,300,000 元

二　附注

一、附注的主要内容

附注是对资产负债表、利润表、现金流量表和所有者权益变动表等报表中列示项目的文字描述或明细资料，以及对未能在这些报表中列示项目的说明等。附注是财务报表的重要组成部分。附注应当按照如下顺序披露有关内容：

(一) 企业的基本情况

1. 企业注册地、组织形式和总部地址。

2. 企业的业务性质和主要经营活动。

3. 母公司以及集团最终母公司的名称。

4. 财务报表的批准报出者和财务报表批准报出日。

(二) 财务报表的编制基础

(三) 遵循企业会计准则的声明

企业应当声明编制的财务报表符合企业会计准侧的要求，真实、完整地反映了企业的财务状况、经营成果和现金流量等有关信息。

(四) 重要会计政策和会计估计

企业应当披露采用的重要会计政策和会计估计，不重要的会计政策和会计估计可以不披露。

1. 重要会计政策的说明

会计政策

1.1 会计政策指会计确认、计量和报告中所采用的原则、基础和会计处理方法。

1.2 会计政策变更

表1-9 会计政策变更比较表

变更会计政策	(1) 法律、行政法规或国家统一的会计制度等要求变更； (2) 会计政策变更能够提供更可靠、更相关的会计信息。
不属于会计政策变更	(1) 本期发生的交易或者事项与以前相比具有本质差别而采用新的会计政策。 (2) 对初次发生的或不重要的交易或采用新的会计政策。 【注意】会计处理方法中固定资产折旧方法、无形资产的摊销方法不属于政策变更；年限、比率等的变更属于会计估计变更，也不属于政策变更。

1.3 会计政策变更的处理方法 〔能追溯就追溯〕

1.3.1 企业根据法律、行政法规或者国家统一的会计制度等要求变更会计政策的，应当按国家相关会计规定执行。

1.3.2 会计政策变更能够提供更可靠、更相关的会计信息的，应当追溯调整法处理。

1.3.3 无法确定会计政策变更对以前各期累积影响数的，应当采用未来适用法处理。

2. 会计估计变更 〔未来适用法〕

企业难以区分会计政策变更或会计估计变更的，应当将其作为会计估计变更处理。——采用未来适用法

3. 前期差错更正 〔能追溯就追溯〕

采用追溯调整法更正重要的前期差错，但无法确定前期差错累积影响数的除外（采用未来适用法）。企业应当在重要的前期差错发现当期的财务报表中，调整前期比较数据。

需要特别指出的是，说明会计政策时还需要披露下列两项内容：

(1) 财务报表项目的计量基础。

(2) 会计政策的确定依据。

二、重要会计估计的说明

（五）会计政策和会计估计变更以及差错更正的说明

企业应当按照《企业会计准则第28号——会计政策、会计估计变更和差错更正》及其应用指南的规定，披露会计政策和会计估计变更以及差错更正的有关情况。

（六）重要报表项目的说明

会计报表附注中重要项目的说明包括的内容有：

（1）不符合会计假设的说明；

（2）重要会计政策和会计估计及其变更情况、变更原因及其对财务状况和经营成果的影响；

（3）或有事项和资产负债表日后事项的说明；

（4）关联方关系及其交易的说明；

（5）重要资产转让及其出售说明；

（6）企业合并、分立的说明；

（7）重大投资、融资活动；

（8）会计报表中重要项目的明细资料；

（9）会计报表中重要项目的说明有助于理解和分析会计报表需要说明的其他事项。

（七）其他需要说明的重要事项

这主要包括或有和承诺事项、资产负债表日后非调整事项、关联方关系及其交易、分部报告等。

三、分部报告

（一）业务分部和地区分部

企业应当以对外提供的财务报表为基础，区分业务分部和地区分部披露分部信息。

1. 业务分部的确定

业务分部，是指企业内可区分的、能够提供单项或一组相关产品或劳务的组成部分。该组成部分承担了不同于其他组成部分的风险和报酬。

通常情况下，一个企业的内部组织和管理结构，以及向董事会或者类似机构的内部报告制度，是企业确定分部的基础。企业在确定业务分部时，应当结合企业内部管理要求，并考虑下列因素：

（1）各单项产品或劳务的性质，包括产品或劳务的规格、型号、最终用途等。通常情况下，产品或劳务的性质相同，其风险、报酬率及其成长率通常可能较为接近，一般可将其划分到同一业务分部中。而对于性质完全不同的产品或劳务，则不能将其划分到同一业务分部中。

（2）生产过程的性质，包括采用劳动密集或资本密集方式组织生产、使用相同或者相似设备和原材料、采用委托生产或加工方式等。

（3）产品或劳务的客户类型，包括大宗客户、零散客户等。对于购买产品或接受劳务的同一类型的客户，如果其销售条件基本相同。

（4）销售产品或提供劳务的方式，包括批发、零售、自产自销、委托销售、承包等。

（5）生产产品或提供劳务受法律、行政法规的影响，包括经营范围或交易定价限制等。

2. 地区分部

地区分部，是指企业内可区分的、能够在一个特定的经济环境内提供产品或劳务的组成部分。该组成部分承担了不同于在其他经济环境内提供产品或劳务的组成部分的风险和报酬。

在确定地区分部时，应当结合企业内部管理要求，并考虑下列因素：

（1）所处经济、政治环境的相似性。

（2）在不同地区经营之间的关系。

（3）经营的接近程度。

（4）与某一特定地区经营相关的特别风险。

（5）外汇管理规定。

（6）外汇风险。

3. 分部的合并

两个或两个以上的业务分部或地区分部同时满足下列条件的，可以予以合并：

（1）具有相近的长期财务业绩，包括具有相近的长期平均毛利率、资金回报率、未来现金流量等；（2）确定业务分部或地区分部所考虑的因素类似。

三、关联方披露

（一）关联方关系的认定

关联方关系的存在是以控制、共同控制或重大影响为前提条件的。在判断是否存在关联方关系时，应当遵循实质重于形式原则。

如果没有其他条件，仅依据持股比例这个数据来看：

持股比例没有达到 20% 时，属于没有达到重大影响；

持股比例在 20% ~ 50% 之间时，属于重大影响（联营企业）；

持股比例超过 50% 的，属于控制（子公司）。

从一个企业的角度出发，其存在关联方关系的各方包括：

1. 该公司的母公司，不仅包括直接或间接地控制该企业的其他企业，也包括能够对该企业实施直接或间接控制的部门、单位等。

（1）某一个企业直接控制一个或多个企业。

（2）某一个企业通过一个或若干中间企业间接控制一个或多个企业。

（3）一个企业直接地和通过一个或若干中间企业间接地控制一个或多个企业。

2. 该企业的子公司，包括直接或间接地被该企业控制的其他企业，也包括直接或间接地被该企业控制的单位、信托基金等。

假设 A 公司持有 B 公司 40%的股份，B 公司持有 C 公司 60%的股份，除此外不存在其他关系，这种情况下，A 不能控制 B，即使 B 控制了 C，A 公司和 C 公司也不具有控制关系。

3. 与该企业受同一母公司控制的其他企业。

4. 对该企业实施共同控制的投资方，这里的共同控制包括直接的共同控制和间接的共同控制。对企业实施直接或间接共同控制的投资方与该企业之间是关联方关系，但这些投资方之间并不能仅仅因为共同控制了同一家企业而视为存在关联方关系。

5. 对该企业施加重大影响的投资方。这里的重大影响包括直接的重大影响和间接的重大影响。对企业实施重大影响的投资方与该企业之间是关联方关系，但这些投资方之间并不能仅仅因为对同一家企业具有重大影响而视为存在关联方关系。

6. 该企业的合营企业。合营企业是以共同控制为前提的，两方或多方共同控制某一企业时，该企业则为投资者的合营企业。

7. 该企业的联营企业。联营企业和重大影响是相联系的，如果投资者能对被投资企业施加重大影响，则该被投资企业视为投资者的联营企业。

8. 该企业的主要投资者个人及与其关系密切的家庭成员。主要投资者个人，是指能够控制、共同控制一个企业或者对一个企业施加重大影响的个人投资者。

（1）某一企业与其主要投资者个人之间的关系。

（2）某一企业与其主要投资者个人关系密切的家庭成员之间的关系。

9. 该企业或其母公司的关键管理人员及与其关系密切的家庭成员。

（1）某一企业与其关键管理人员之间的关系。

（2）某一企业与其关键管理人员关系密切的家庭成员之间的关系。

10. 该企业主要投资者个人、关键管理人员或与其关系密切的家庭成员控制、共同控制或施加重大影响的其他企业。

（1）某一企业与受该企业主要投资者个人直接控制的其他企业之间的关系。

（2）某一企业与受该企业主要投资者个人关系密切的家庭成员直接控制的其他企业之间的关系。

（3）某一企业与受该企业关键管理人员直接控制的其他企业之间的关系。

（4）某一企业与受该企业关键管理人员关系密切的家庭成员直接控制的其他企业之间的关系。

（二）不构成关联方关系的情况

1. 与该企业发生日常往来的资金提供者、公用事业部门、政府部门和机构，以及与该企业发生大量交易而存在经济依存关系的单个客户、供应商、特许商、经销商和代理商之间，不构成关联方关系。

2. 与该企业共同控制合营企业的合营者之间，通常不构成关联方关系。

3. 仅仅同受国家控制而不存在控制、共同控制或重大影响关系的企业，不构成关联方关系。

（三）关联方交易的类型

存在关联方关系的情况下，关联方之间发生的交易为关联方交易，关联方的交易类型主要有：

1. 购买或销售商品。

2. 购买或销售除商品以外的其他资产。

3. 提供或接受劳务。

4. 担保。

5. 提供资金（贷款或股权投资）。

6. 租赁。

7. 代理。

8. 研究与开发项目的转移。

9. 许可协议。

10. 代表企业或由企业代表另一方进行债务结算。

11. 关键管理人员薪酬。

（四）关联方的披露

1. 企业无论是否发生关联方交易，均应当在附注中披露与该企业之间存在直接控制关系的母公司和子公司有关的信息。母公司不是该企业最终控制方的，还应当披露企业集团内对该企业享有最终控制权的企业（或主体）的名称。母公司和最终控制方均不对外提供财务报表的，还应当披露母公司之上与其最相近的对外提供财务报表的母公司名称。

2. 企业与关联方发生关联方交易的，应当在附注中披露该关联方关系的性质、交易类型及交易要素。关联方关系的性质，是指关联方与该企业的关系，即关联方是该企业的子公司、合营企业、联营企业等。交易类型通常包括购买或销售商品、购买或销售商品以外的其他资产、提供或接受劳务、担保、提供资金（贷款或股权投资）、租赁、代理、研究与开发项目的转移、许可协议、代表企业或由企业代表另一方进行债务结算等。交易要素至少应当包括：交易的金额；未结算项目的金额、条款和条件，以及有关提供或取得担保的信息；未结算应收项目坏账准备金额；定价政策。

3. 对外提供合并财务报表的，对于已经包括在合并范围内各企业之间的交易不予披露。合并财务报表是将集团作为一个整体来反映与其有关的财务信息，在合并财务报表中，企业集团作为一个整体看待，企业集团内的交易已不属于交易，并且已经在编制合并财务报表时予以抵销。因此，对外提供合并财务报表的，对于已经包括在合并范围内并已抵销的各企业之间的交易不予披露。

项目二　财务报表分析

任务一　资产结构分析

学习目标

知识目标：掌握固定资产流动资产的含义，所包括的内容；固定资产和流动资产结构的含义；

能力目标：会分析固定资产和流动资产的结构

任务导入

作为曙光公司的一名会计人员，每个月要写一篇财务分析报告，领导要求你负责撰写资产结构分析部分，根据曙光公司20××年12月31日的资产负债表数据，要求：

1. 分析曙光公司是哪一种固定资产和流动资产结构政策？

2. 分析流动资产内部结构；

 知识准备

各类资产中，包含着各个不同的资产项目，各项资产在企业经营中具有不同的作用，企业生产经营活动对各项资产的依赖程度不同。因此，有必要进一步对主要资产项目构成进行分析。具体可通过计算流动资产的主要项目占总资产的比重，非流动资产主要项目占总资产的比重，根据其数值大小及其变化趋势，结合资产各主要项目的分析要点，分析资产变动 的原因。并根据企业行业的特点，制定符合自身的资产结构政策。

（一）固定资产和流动资产结构政策：

从静态看，流动资产变现能力强，其资产风险小；而固定资产变现能力较差，其资产风险较大。所以，流动资产比重较大时，企业资产的流动性强而风险小；固定资产比重较大时，企业资产弹性较差，不利于企业灵活调度资金，风险较大。

从动态方面分析。流动资产比重上升，说明资产的流动性增强，偿债能力增加；也预示流动资产有闲置，公司盈利能力下降；经营风格趋向保守；固定资产比重上升，说明盈利能力在增强，经营风格趋向冒险；固定资产比重不断下降，说明固定资产更新和固定资产磨损不同步，使固定资产规模下降；也可能公司的经营战略发生了变化；如果变动幅度很小，说明该公司的资产结构相对比较稳定。

一般而言，企业固定资产与流动资产之间只有保持合理的比例结构，才能形成现实的生产能力，否则，就有可能造成部分生产能力闲置或加工能力不足。以下三种固流结构政策可供企业选择：

（1）适中的固/流结构政策。采取这种策略，就是将固定资产存量与流动资产存量的比例保持在平均水平。这种情况下，企业的盈利水平一般，风险程度一般。

（2）保守的固/流结构政策。采取这种策略，流动资产的比例较高。这种情况下，由于增加了流动资产，企业资产的流动性提高，资产风险会因此降低，但可能导致盈利水平的下降。

（3）激进的固/流结构政策。采取这种策略，固定资产的比例较高。这种情况下，由于增加了固定资产，会相应提高企业的盈利水平，同时可能导致企业资产的流动性降低，资产风险会因此提高。

合理的流动资产比率，应结合企业经营性质、同行业平均水平或行业先进水平，结合销售的变动状况进行趋势分析。一般地，纺织、冶金行业的企业流动资产比比率在30%~60%之间，商业批发企业的流动资产比率有时可高达90%以上。

（二）流动资产内部结构变动情况分析：

要分析结构变动情况，需要收集上年的数据，与本年的数据对比，假如对比表如下：

表2-1 曙光公司流动资产内部结构分析表1

项目	金额		结构（%）		
	本年	上年	本年	上年	差异
货币资产	1670	4035	46.13	60.81	-14.68
债权资产	1450	1850	40.06	27.88	12.18
存货资产	500	750	13.81	11.30	2.51
合计	3620	6635	100	100	

货币资产比重下降，使得企业的支付能力下降，但会提高企业的盈利能力；债权资产

比重较大且呈上升趋势，说明企业信用政策的制定可能过于宽松，这种情况应当引起注意；存货资产比重略有上升，应进一步分析存货资产的内部结构。企业流动资产结构是否合理没有一个统一的绝对判断标准，通过前后两期的对比，只能说明流动资产结构变动情况，而不能说明这种变动是否合理。如何分析其结构的合理性呢？

（三）变动的合理性判断：

企业应首先选择一个标准，这个标准可以是同行业平均水平或财务计划中确定的目标，然后将流动资产结构的变动情况与选定的标准进行比较，以反映流动资产结构变动的合理性。假如数据对比表如下：

表 2-2　曙光公司流动资产内部结构分析表 2

项目	结构		
	本年	行业平均水平	差异
货币资产	46.13%	44.37%	1.76%
债权资产	40.06%	37.57%	2.49%
存货资产	13.81%	18.06%	-4.25%
合计	100%	100%	

企业货币资产高于行业平均水平 1.76 个百分点，货币资产包括现金，银行存款，其他货币资金。货币资产偏多，会增加企业的流动性，但降低企业的盈利能力；债权资产高于行业平均水平 2.49 个百分点，债权资产是应收账款，其他应收款，应收票据等，应进一步分析是哪一种债权资产偏多；应收账款偏多，如果没有伴随销售收入和货币资金的增多，说明产品竞争能力较差，商业谈判能力较低；其他应收款增加，说明非经营性活动占用的资金增加，应深入分析这种占用的原因；应收票据的增加，说明企业采用商业汇票结算方式的增加，可以结合票据的种类和在一定期间的增减变化规律，分析应收票据的质量；

任务实施

表 2-3　曙光公司 20×× 年 12 月 31 日资产结构分析表

项目	曙光公司	行业先进水平
固定资产/总资产	59.87%	11.10%
流动资产/总资产	38.03%	75.80%
货币资金/流动资产	46.13%	58.60%
存货/流动资产	13.81%	12.70%

项目	曙光公司	行业先进水平
债权资产/流动资产	40.06%	28.7%
无形资产/总资产	2.10%	1.90%

固定资产和流动资产结构政策：流动资产 比重大大低于行业先进水平，固定资产的比重远远高于行业先进水平，说明曙光公司采用的是激进的资产结构政策，这种结构的盈利水平高，但资产风险大；

流动资产内部结构分析：货币资金占流动资产的比重低于行业先进水平，说明企业货币资金储备量较低，财务风险大；债权资产占流动资产的比重远远高于行业先进水平，从一个侧面说明了货币资金储备较低的一个原因，也说明企业产品缺乏竞争力，商业谈判能力与行业先进水平相比差距较大；无形资产所占的比重高于行业先进水平 0.21 个百分点，说明曙光公司未来具备较强的行业竞争力；存货所占比重高于行业先进水平 1.11 个百分点，属于正常水平；

合理性分析：债权资产远高于行业先进水平，也高于行业平均水平，主要原因是应收账款太大，建议曙光公司制定合理的收账政策，提高销售收入收现率；

总结：资产结构的本质是在资产的流动性和风险性之间寻求平衡；在风险性与收益性之间寻求平衡；在长远利益与眼前利益之间寻求平衡。

任务训练

根据上述思路：

1. 分析 TCL 集团 20××年流动资产内部结构，对变动情况作出判断；

2. 对比格力电器 20××年的流动资产内部结构；

练习题

多项选择题：

1. 企业货币资金存量及比重是否合适的分析评价应考虑的因素有（　　　）。

A. 资产规模与业务量 　　　　B. 企业融资能力

C. 行业特点 　　　　D. 运用货币资金的能力

2. 应收账款变动的可能原因有 （　　　）。

A. 销售规模变动 　　　　B. 信用政策改变

C. 收账政策不当 　　　　D. 收账工作执行不力

任务二　负债结构分析

学习目标

知识目标：掌握负债结构的含义，理解负债的分类；

能力目标：会分析负债的期限结构和负债方式结构

任务导入

曙光公司20××年资金利润率远低于行业先进水平，请你从负债结构角度分析一下原因；

知识准备

一、什么是负债结构？

负债结构就是各类负债在总负债中所占的比重；负债结构分析是从流动负债与非流动负债的具体构成上进一步分析资金来源构成，分析的重点是流动负债的构成。

二、负债如何分类？

按照负债是否存在利息，将负债分为有息负债和无息负债；有息负债包括各类银行借款，应付债券；无息负债包括预收账款，应付账款，其他应付，各类应缴款；应付票据可以是有利息的也可以是无息的；无息负债比重高，负债成本就低；善于应用无息负债的企业是善于用别人的资金赚自己的钱，商业谈判能力强；背后可能是较强的产品竞争力和业内的强势地位；

按照负债偿还期限的长短可以分为长期负债和短期负债；短期负债是在一年内需要偿还的债务，长期负债是偿还期间超过一年的的债务；短期负债包括短期借款，偿还期在一年以内的其他应付款，应付账款，应付票据等；长期负债主要包括长期借款，应付债券，长期应付款；短期有息负债成本低，财务风险大；长期有息负债成本高，财务风险小；企业负债结构合理的一个重要标志就是使债务的偿还期与企业现金流入的时间相吻合，债务的偿还金额与现金流入量相适应。如果企业能够根据其现金流入的时间和流入量妥善安排举债的时间、偿债的时间和债务金额，使各种长、短期债务相配合，各种长、短期债务的偿还时间分布合理，企业就能及时偿付各种到期债务，维护企业信誉。

三、负债结构考虑的因素：

在企业负债总额一定的情况下，究竟需要安排多少流动负债、多少长期负债呢？需要考虑如下因素：

1. 销售状况：如果企业销售稳定增长，则能提供稳定的现金流量，用于偿还到期债务。反之，如果企业销售处于萎缩状态或者波动的幅度比较大，大量借入短期债务就要承担较大风险。因此，销售稳定增长的企业，可以较多地利用短期负债，而销售大幅度波动的企业，应少利用短期负债。

2. 资产结构：资产结构对负债结构会产生重要影响。一般而言，长期资产比重较大的企业应少利用短期负债，多利用长期负债或发行股票筹资；反之，流动资产所占比重较大的企业，则可更多地利用流动负债来筹集资金。

3. 行业特点：各行业的经营特点不同，企业负债结构存在较大差异。利用流动负债筹集的资金主要用于存货和应收账款，这两项流动资产的占用水平主要取决于企业所处的行业。

4. 企业规模：经营规模对企业负债结构有重要影响，在金融市场较发达的国家，大企业的流动负债较少，小企业的流动负债较多。大企业因其规模大、信誉好，可以采用发行债券的方式，在金融市场上以较低的成本筹集长期资金，因而，利用流动负债较少。

5. 利率状况：当长期负债的利率和短期负债的利率相差较少时，企业一般较多地利用长期负债，较少使用流动负债；反之，当长期负债的利率远远高于短期负债利率时，则会使企业较多地利用流动负债，以便降低资金成本。

四、典型的负债结构分析：

以 T 企业的资产负债表为例，数据如下

表 2-4　资产负债表

编制单位：T 企业　　　　　　　　　　　　　　　　　　　　　　　　　单位：万元

报表日期	202×/12/31	20×9/12/31
流动资产		
货币资金	1，534，040.00	1，579，100.00

续表

报表日期	202×/12/31	20×9/12/31
交易性金融资产	16,078.90	216,896.00
衍生金融资产	—	—
应收票据	395,744.00	473,677.00
应收账款	1,330,780.00	1,330,880.00
预付款项	65,662.60	56,922.00
应收利息	4,935.40	17,751.20
应收股利	419	82.8
其他应收款	426,274.00	375,765.00
存货	902,856.00	942,314.00
待处理流动资产损益	—	—
其他流动资产	698,160.10	554,642.00
流动资产合计	5,374,950.00	5,548,030.00
非流动资产		
其他权益投资	319,809.00	256,384.00
债权投资	—	—
长期应收款	—	—
长期股权投资	795,531.00	321,499.00
其他长期投资	—	—
投资性房地产	66,627.40	34,228.50
固定资产原值	3,940,780.00	3,044,460.00
累计折旧	1,328,510.00	1,008,040.00
固定资产净值	2,612,270.00	2,036,420.00
固定资产减值准备	8,053.50	11,299.90
固定资产净额	2,604,210.00	2,025,120.00
在建工程	1,150,380.00	391,384.00
工程物资	—	—
固定资产清理	—	—
无形资产	298,417.00	224,343.00
开发支出	117,723.00	104,837.00
商誉	68,644.50	66,330.70
长期待摊费用	42,369.90	28,761.40

续表

报表日期	202×/12/31	20×9/12/31
递延所得税费用资产	70, 963. 60	57, 969. 80
其他非流动资产	265, 851. 00	228, 803. 00
非流动资产合计	5, 800, 530. 00	3, 739, 660. 00
资产总计	11, 175, 500. 00	9, 287, 690. 00
流动负债		
短期借款	1, 120, 770. 00	1, 142, 090. 00
向中央银行借款	15, 881. 50	24, 521. 70
吸收存款及同业存放	7, 926. 10	15, 504. 60
拆入资金	—	—
交易性金融负债	67, 518. 80	39, 798. 80
衍生金融负债	—	—
应付票据	377, 397. 00	413, 362. 00
应付账款	1, 362, 260. 00	1, 177, 510. 00
预收款项	98, 336. 30	107, 312. 00
应付职工薪酬	190, 585. 00	180, 702. 00
应交税费	98, 097. 60	114, 833. 00
应付利息	18, 509. 90	18, 261. 20
应付股利	13, 135. 70	14, 166. 90
其他应付款	1, 368, 290. 00	987, 030. 00
递延收益	—	—
应付短期债券	—	20, 000. 00
一年内到期的非流动负债	390, 990. 00	400, 368. 00
其他流动负债	244, 852. 00	113, 124. 00
流动负债合计	5, 397, 270. 00	4, 797, 630. 00
非流动负债		
长期借款	1, 194, 930. 00	909, 766. 00
应付债券	248, 338. 00	311, 535. 00
长期应付款	1, 053. 00	903. 6
专项应付款	—	—
预计非流动负债	—	—
递延所得税费用负债	14, 481. 30	17, 085. 40

续表

报表日期	202×/12/31	20×9/12/31
其他非流动负债	3, 689.70	622.9
非流动负债合计	2, 015, 270.00	1, 804, 010.00
负债合计	7, 412, 540.00	6, 601, 640.00
所有者权益		
实收资本（或股本）	1, 222, 840.00	945, 241.00
资本公积	507, 542.00	255, 247.00
库存股	6, 999.10	—
专项储备	—	—
盈余公积	96, 605.30	88, 365.90
一般风险准备	36.1	36.1
未确定的投资损失	—	—
未分配利润	679, 360.00	528, 522.00
拟分配现金股利	—	—
归属于母公司股东权益合计	2, 421, 010.00	1, 819, 430.00
少数股东权益	1, 341, 930.00	866, 615.00
所有者权益（或股东权益）合计	3, 762, 940.00	2, 686, 050.00
负债和所有者权益（或股东权益）总计	11, 175, 500.00	9, 287, 690.00

1. 负债方式和负债成本分析：

表 2-5　T 企业 202×年 12 月 31 日与 20×9 年 12 月 31 日负债比较

单位：万元

项目分类	主要项目	20×9	202×	差异
有息负债	短期借款	1, 142, 090.00	1, 120, 770.00	−21, 320.00
	短期负债小计	1, 142, 090.00	1, 120, 770.00	−21, 320.00
	长期借款	909, 766.00	1, 194, 930.00	285, 164.00
	一年内到期的长期负债	400, 368.00	390, 990.00	−9, 378.00
	应付债券	311, 535.00	248, 338.00	−63, 197.00
	长期负债小计	1, 621, 669.00	1, 834, 258.00	212, 589.00
有息负债小计		2, 763, 759.00	2, 955, 028.00	191, 269.00

续表

项目分类	主要项目	20×9	202×	差异
无息负债	应付账款	1, 177, 510.00	1, 362, 260.00	184, 750.00
	应付票据	413, 362.00	377, 397.00	−35, 965.00
	其他应付款	987, 030.00	1, 368, 290.00	381, 260.00
	预收账款	107, 312.00	98, 336.30	−8, 975.70
无息负债合计		2, 685, 214.00	3, 206, 283.30	521, 069.30
负债合计		5, 448, 973.00	6, 161, 311.30	712, 338.30
比重	有息负债/负债	50.72%	47.96%	−2.76%
	无息负债/负债	49.28%	52.04%	2.76%
	短期负债/负债	20.96%	18.19%	−2.77%
	长期负债/负债	29.76%	29.77%	0.01%
	短期负债/有息负债	41.32%	37.93%	−3.39%
	长期负债/有息负债	58.68%	62.07%	3.39%

本期有息负债的比重有所下降，无息负债比重上升了 2.76 个百分点；负债成本会下降；故此，202×年该企业的负债成本略低于 20×9 年；增加的无息负债主要是应付账款和其他应付款，这两类都属于商业信用，商业信用的的上升，可能是企业商业谈判能力增强的标志，但要考虑公司的信誉和支付能力；

商业信用包括应付账款，应付票据，预收账款，其他应付款；应交款项包括应交税费；内部结算款项是应付职工薪酬；

各种负债，由于其来源渠道和取得方式不同，成本也有较大差异。有些负债，如应付账款等，基本属于无成本负债。有些负债，如短期借款，则属于低成本负债。而长期借款、应付债券等则属于高成本负债。

2. 负债期限结构分析：

表 2-6　负债期限结构分析

单位：万元

项目	金额（元）		结构（%）	
	20×9 年	202×年	20×9	202×
流动负债	4, 797, 630.00	5, 397, 270.00	72.67%	72.81%
非流动负债	1, 804, 010.00	2, 015, 270.00	27.33%	27.19%
负债合计	6, 601, 640.00	7, 412, 540.00	100	100

从表 2-6 可以看出，202×年该公司流动负债的比率略有上升，非流动负债比重略有下降，流动负债比重远大于非流动负债，表明该公司在使用负债资金时，以短期资金为主，这样会降低负债成本，但会增加公司的财务风险。

思考：从网上查一查一年期银行贷款的利率和五年期银行贷款的利率，假定上题中的长期贷款是 5 年期的，你能用财务管理知识，计算 T 公司的负债成本吗？

任务实施

模仿上述分析方法分析曙光公司 20××年 12 月 31 日的负债方式；

负债方式分析：

表 2-7　20××年曙光公司 12 月 31 日负债方式分析

比较项目	曙光公司	行业先进水平
有息负债：	86.40%	69.10%
无息负债：	13.60%	30.90%

由表中数据可以看出，曙光公司的有息负债高于行业先进水平 17.3 个百分点，而无息负债只有行业先进水平的 44%，这种结构，使得曙光公司负债成本较高；背后显示的是产品竞争能力和商业谈判能力的巨大差距；

任务训练

1. 为什么有的企业资产负债率很高，但负债成本很低？

2. 分析格力电器的负债结构，写出分析报告，讲一讲；

任务三　短期偿债能力分析

学习目标

知识目标：掌握短期偿债能力的计算，理解流动比率，速动比率

能力目标：会分析短期偿债能力

任务导入

曙光公司的上游企业 T 公司 202×年申请 1000 万元短期银行贷款，想让曙光公司提供担保，是否为该企业提供担保？说出你的看法；

知识准备

要解决这个问题，需要分析 T 公司的短期偿债能力；偿债能力对债权人的利益有着直接的影响，因为偿债能力的强弱直接决定着债权人信贷资金及其利息是否能收回。债权人在进行借贷决策时，首先要对借款企业的偿债能力状况进行深入细致的分析；

偿债能力是指企业对债务清偿的承受能力或保障程度。

短期偿债能力是指企业用流动资产偿还流动负债的现金保障程度。短期偿债能力衡量的是对流动负债清偿能力。企业的短期偿债能力取决于短期内企业产生现金的能力，即在短期内能够转化为现金的流动资产的多少。所以，短期偿债能力比率也称为变现能力比率或流动性比率，主要考察的是流动资产对流动负债的清偿能力。

短期偿债能力的分析指标主要有营运资金，流动比率，速动比率，现金比率：

（一）营运资金

营运资金=流动资产−流动负债；表示流动资产超过流动负债的部分；适合趋势分析，不适合同业分析。因为该指标属于绝对数，不同企业不同时期，不同规模不可比；

（二）流动比率

流动比率是流动资产与流动负债的比值，其含义是每一元的流动负债有多少流动资产可以保障。如果流动比率为 0.85，就表示一元的流动负债只有 0.85 元的流动资产保证。

计算公式为：

$$流动比率 = \frac{流动资产}{流动负债}$$

通常认为，流动比率越高，企业的短期偿债能力越强，短期债权人利益的安全程度也越高。但流动比率过高，又会导致流动资产的闲置，进而影响其盈利能力。流动比率保持为多少最适宜呢？一般认为，适当或合理的流动比率是2，即流动资产与流动负债之比为2：1。这个"二比一的原则"源于美国，其理论依据可能是：流动负债要用流动资产来偿还，而流动资产中含有存货，根据经验，一般企业的存货约占流动资产的一半左右。

实际上，这种说法已经被实际情况的发展逐步否定。流动比率的合理性标准是个复杂问题，我们不应把复杂问题简单化。首先，不同国家的金融环境不同，使得企业采用不同的营运资金政策，导致不同的流动比率（如日本的企业更多地依靠短期贷款并可以续贷，因而其流动比率比美国低）。其次，同一国家不同行业的平均流动比率有明显区别（如美国的纺织业接近2.5，而食品业只有1.1）。再次，平均的流动比率有不断下降的趋势，达到或超过2的企业已经是个别现象。

用流动比率分析时要注意：

（1）有的企业流动比率低于经验值，但流动负债中预收账款所占比重很高，这种企业的短期偿债能力依然很强；

（2）应用流动比率指标，要考虑流动资产的质量和结构，一般情况下，流动资产中的应收账款和存货的周转速度是影响流动比率的主要因素。考虑表外的潜在债务；在整个流动资产中，变现能力最强的是货币资金，其次是交易性金融资产。各种应收款项已经完成销售，进入款项待收阶段，因此其变现能力大于尚未进入销售过程的存货资产。在应收款项中，应收票据不仅可以转让、贴现和抵押，而且由于其法律契约的性质，使之变现能力必然强于应收账款和其他应收款。企业决定以预付账款方式购买商品，通常是以商品的市场销路极为畅销为前提的，故此，预付账款的流动性或变现能力通常被视为强于存货资产。

（3）立场不同的利益相关者对偿债能力的看法不同；

对企业经营者来说，偿债能力适中为好；太高，说明企业的资产盈利能力较差；太低，意味着企业承受的财务风险大。经营者要在风险和收益中权衡，找到平衡点；

对企业的债权人来说，短期偿债能力的强弱意味着本金与利息能否按时收回，他们希望大一点。

对企业的供应商和客户来说，短期偿债能力的强弱意味着企业履行合同能力的强弱，偿债能力的下降，可能会使企业正常的交易活动无法进行，从而损害供应商和客户的利益。

根据表2-4提供的资料，可以计算T公司的流动比率。

$$20\times9\text{ 年末流动比率} = \frac{5548030}{4797630} = 1.16$$

$$202\times\text{年末流动比率} = \frac{5374950}{5397270} = 1$$

流动比率的缺点是该比率比较容易人为操纵，并且没有揭示流动资产的构成内容，只能大致所映流动资产整体的变现能力。但流动资产中包含像存货这类变现能力较差的资产，如能将其剔除，其所反映的短期偿债能力更加可信，这个指标就是速动比率。

（三）速动比率

速动比率是速动资产与流动负债的比值。

速动比率的计算公式为：

$$\text{速动比率} = \frac{\text{速动资产}}{\text{流动负债}}$$

$$\text{速动资产} = \text{流动资产} - \text{存货}"$$

速动比率表明每 1 元流动负债有多少速动资产作为偿债保障。一般情况下，速动比率越大，短期偿债能力越强。

速动比率的分析要点：

（1）速动比率代表了企业直接的偿债能力，与流动比率相比，对短期偿债能力的分析考核更加稳妥可信。一般认为，速动比率等于或稍大于 1 比较理想。

（2）对于判断速动比率的标准不能绝对化，如零售企业大量采用现金结算，应收账款很少，因而允许保持低于 1 的速动比率，对不同行业、不同企业需具体分析。

（3）速动资产中可能含有大量不良应收账款，这必然会减弱企业的短期偿债能力。

（4）速动比率是一个静态指标，未考虑应收账款的可收回性和期限，容易被操纵。

根据表 2-4 提供的资料，可以计算 T 公司的速动比率。

$$20\times9\text{年末速动比率} = \frac{5374950 - 902856}{5397270} = 0.93$$

$$202\times\text{年末速动比率} = \frac{5548030 - 942314}{4797630} = 0.85$$

（四）现金比率

基于流动比率和速动比率都有可能高估企业的短期偿债能力，解决这个问题的方法就是采取更极端保守的态度计算和分析企业的短期偿债能力，也就是采用现金比率指标。

$$\text{现金比率} = \frac{\text{货币资金} + \text{短期有价证券}}{\text{流动负债}}$$

现金比率越高，表明企业可立即用于支付债务的现金类资产越多，对到期流动负债的偿还越有切实的保障。但对企业来说，现金比率的确定并不能仅仅考虑短期偿债能力的提高，应将风险与收益两方面的因素综合起来考虑。如果这一比率过高，表明企业通过负债方式所筹集的流动资金没有得到充分的利用，所以并不鼓励企业保留更多的现金类资产。一般认为这一比率应在 20% 左右，在这一水平上，企业的直接支付能力不会有太大的问题。

运用该指标应当注意的问题：

（1）在评价企业短期偿债能力时，一般来说现金比率重要性不大，因为不可能要求企业用现金和短期证券投资来偿付全部流动负债，企业也没有必要总是保持足够还债的现金类资产。但是，当发现企业的应收账款和存货的变现能力存在问题时，现金比率就显得很重要了。

（2）现金比率高，说明企业即刻变现能力强。但过高的现金比率会带来较高的机会成本。

（3）具有特殊用途的货币资金不能作为可偿债资产，如某些限定用途、不能随便动用的现金；银行限制性条款中规定的最低存款余额等。

根据表 2-4 提供的资料，可以计算 T 公司的现金比率。

$$20\times9\text{年末现金比率} = \frac{1579100+216896}{4797630} = 37.44\%$$

$$202\times\text{年末现金比率} = \frac{1534040+16078.9}{5397270} = 28.72\%$$

该公司期末现金比率降低了 8.69 个百分点，这种变化表明企业的直接支付能力有所下降。与经验标准相比，该公司期初、期末现金比率都已超过 20%，因此该公司的直接支付能力较强。

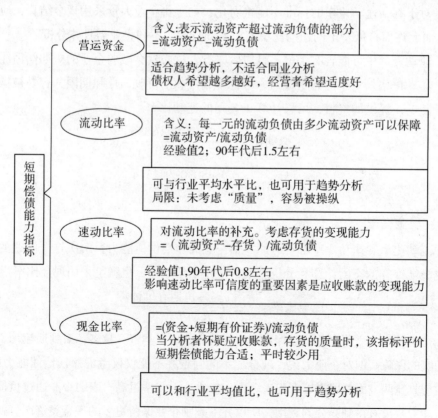

图 2-1 短期偿债能力主要内容图

任务实施：

分析是否该给甲电器公司提供贷款担保？

T公司期初流动比率1.16，期末是1。按照经验标准来判断，该公司无论是期初还是期末，流动比率都远低于经验值2的水平，表明该公司的短期偿债能力较弱。

该公司期末速动比率期末是0.85，期初是0.93，该公司无论是期初还是期末，速动比率都低于经验值1的水平，且期末较期初有所下降，表明该公司的短期偿债能力较弱，且有下滑的迹象。

该企业现金比率超过20%，说明直接支付能力较强，企业通过负债方式所筹集的流动资金没有得到充分的利用，申请短期贷款的理由不充分；

综上，不宜为T公司提高贷款担保；

任务训练：

分析曙光公司短期偿债能力；

练习题

一　单项选择

1. 某企业现在的流动比率为2，下列哪项经济业务会引起该比率降低(　　　)。

A. 用银行存款偿还应付账款　　　　B. 发行股票收到银行存款

C. 收回应收账款　　　　　　　　　D. 用现金购买固定资产

2. 某企业年初流动比率为2.2，速动比率为1；年末流动比率为2.4，速动比率为0.9。发生这种情况的原因可能是 (　　　)。

A. 存货增加　　　B. 应收账款增加　　　C. 应付账款增加　　　D. 预收账款增加

3. 如果流动资产大于流动负债，则月末用现金偿还一笔应付账款会使(　　　)。

A. 营运资金减少　　B. 营运资金增加　　C. 流动比率提高　　D. 流动比率降低

4. 如果流动资产小于流动负债，则月末用现金偿还一笔应付账款会使 (　　　)。

A. 营运资金减少　　B. 营运资金增加　　C. 流动比率提高　　D. 流动比率降低

5. 影响企业短期偿债能力的最根本原因是 (　　　)。

A. 企业的经营业绩　　　　　　　　B. 企业的融资能力

C. 企业的权益结构　　　　　　　　D. 企业的资产结构

二、多项选择

1. 企业采取备抵法核算坏账损失，如果实际发生一笔坏账，冲销应收账款，则会引起(   )。

A. 流动比率提高   B. 流动比率下降   C. 流动比率不变   D. 速动比率不变

2. 某企业流动比率为2，会使该比率下降的经济业务有(   )。

A. 收回应收账款   B. 赊购商品和材料

C. 偿还应付账款   D. 从银行取得短期借款以入账

3. 某公司当年的经营利润很多，却不能偿还到期债务。为查清其原因，应检查的财务比率包括(   )。

A. 销售收入收现率   B. 应收账款收现率

C. 存货周转率   D. 资产负债率

4. 如果流动比率过高，意味着企业存在以下几种可能(   )。

A. 存在闲置现金   B. 存在存货积压

C. 应收账款周转缓慢   D. 短期偿债能力差

5. 以下对流动比率的表述中正确的有(   )。

A. 不同企业的流动比率有统一的衡量标准

B. 流动比率越高越好

C. 流动比率需要用速动比率加以补充和说明

D. 流动比率高，不意味着企业就一定具有短期偿债能力

6. 若流动比率大于1，则下列结论不一定成立的是(   )。

A. 速动比率大于1   B. 营运资金大于零

C. 资产负债率大于1   D. 短期偿债能力绝对有保障

三、判断题

1. 尽管流动比率可以反映企业的短期偿债能力，但却存在有的企业流动比率较高，却没有能力支付到期的应付账款。   (   )

2. 从一定意义上讲，流动性比收益性更重要。   (   )

3. 对任何企业而言，速动比率应该大于1才是正常的。   (   )

4. 从稳健角度出发，现金比率用于衡量企业偿债能力最为保险。   (   )

5. 对于应收账款和存货变现存在问题的企业，分析速动比率尤为重要。 (   )

四、计算题

1. 某企业流动负债200万元，流动资产400万元，其中：存货90万元，求该企业的流动比率和速动比率。

2. ABC 公司 20××年度财务报表主要资料见下表。

表 2-8 资产负债表

编制单位：ABC 公司   20××年 12 月 31 日   单位：万元

资产	金额	负债及所有者权益	金额
现金	764	应付账款	516
应收账款	1156	应付票据	336
存货	700	其他流动负债	468
固定资产净额	1170	长期负债	1026
		实收资本	1444
资产合计	3790	负债及所有者权益合计	3790

要求：

（1）计算短期偿债能力指标，并填写下表；

表 2-9

财务比率	ABC 公司	行业平均水平
1. 流动比率		1.86
2. 速动比率		0.85
3. 现金比率		0.28
4. 营运资金		

（2）与行业平均水平相比较，说明 ABC 公司可能存在的问题。

任务四　长期偿债能力分析

学习目标

知识目标：理解资产负债率，产权比率，利息保障倍数

能力目标：会分析资产负债率

任务导入

计算T公司长期偿债能力指标，分析是否应当对该企业提供长期贷款担保；

 ## 知识准备

长期偿债能力是指企业偿还长期负债的能力。企业借入长期负债的目的不是希望借入长期负债所形成的资产直接来保证长期负债的偿还，而是通过借入资产的运营实现盈利与增值，来保障长期负债的偿还，因此分析企业长期偿债能力除了关注企业资产和负债的规模与结构外，还需要关注企业的盈利能力。长期偿债能力指标主要有：

（一）利息保障倍数（或称已获利息倍数）

$$利息保障倍数 = \frac{息税前利润}{利息费用}$$

其中：息税前利润 = 利润总额 + 利息支出

　　　　　　　 = 净利润 + 所得税费用 + 利息费用

利息保障倍数反映支付利息的利润来源（息税前利润）与利息支出之间的关系，该比率越高，长期偿债能力越强。一般来说，利息保障倍数至少应当大于1，且比值越高，表明企业长期偿债能力越强。从统计上看，不同国家利息保障倍数在3~6之间，表明利息保障倍数与经济环境有关。不过有时企业的利息保障倍数低于1，并不能说明企业就无法偿债，企业可以利用非付现的摊销和折旧费用来支付利息，也可以采取借新债还旧债的方式来进行付息。

同时还应注意，对企业和所有者来说，也并非简单地认为利息保障倍数越高越好。如果一个很高的利息保障倍数不是由于高利润带来的，而是由于低利息导致的，则说明企业

的财务杠杆程度很低，未能充分利用举债经营的优势。

但该指标也存在局限性：第一，偿债能力应包括归还本金和利息的能力，而该指标仅衡量了支付利息的能力，只是体现了企业举债经营的基本条件，作为衡量长期偿债能力指标是不全面的；第二，企业利息不是用权责发生制基础下的利润支付而需要以现金支付。利息保障倍数高，也不能完全说明企业有足够的现金支付利息费用。

根据表 2-12 提供的资料，计算 T 公司的利息保障倍数。[注：利息费用按照财务费用计算，下同]

$$20×9 年利息保障倍数 = \frac{505，902+95，060.6}{95，060.6} = 6.32$$

$$202× 年利息保障倍数 = \frac{386，870+96，706.4}{96，706.4} = 5.00$$

通过比较可知，该公司 202× 年利息保障倍数比 20×9 年有所下降；两年的利息保障倍数都大于经验标准 3，表明该公司支付利息的保障程度较高，长期偿债能力较强。

（二）资产负债率：

（1）什么是资产负债率？

资产负债率也称为负债比率，是企业全部负债总额与全部资产总额的比率，反映总资产中有多大比例是通过负债取得的。该指标用于衡量企业利用负债融资进行财务活动的能力，也是显示企业财务风险的重要指标。其计算公式为：

$$资产负债率 = \frac{负债总额}{资产总额} × 100\%$$

（2）运用该指标分析时应注意的问题

第一，该指标对不同信息使用者的意义不同。从债权人的角度看，资产负债率越低，企业的负债越安全、财务风险越小；从投资者或股东的角度看：①通过负债筹资可以给企业带来税额庇护利益，使负债筹资的资本成本低于权益资本筹资，企业可以通过负债筹资获得财务杠杆利益。从这一点看，投资者或股东希望保持较高的资产负债率水平；②在全部资本利润率高于借款利息率时，负债比例越高越好；反之，负债比例越低越好；③负债筹资只是改变了企业的资产负债比例，不会改变股东的控制权，从这一点看，股东希望保持较高的资产负债率；从经营者的角度看，他们最关心的是在充分利用借入资本给企业带来好处的同时，尽可能降低财务风险。所以，他们总是在预期的利润和增加的风险之间进行权衡，把资产负债率控制在适度的水平。

第二，多高的资产负债率对企业是适宜的。一般认为，资产负债率的适宜水平是 40%~60%。当然，这也不是一概而论的。适度的资产负债率水平要综合考虑若干因素来确定：

①经济周期。经济景气时，举债可以增加企业的发展能力和盈利能力；而经济不景气时，举债则容易增加风险和债务危机。②行业性质。资产流动性强的行业（如零售业）其周转能力和变现能力较强，可容许的资产负债率的适度规模也较大；经营风险比较高的行业（如高科技企业），其资产负债率较低；资金密集性行业（如飞机制造业）其资产负债率较高。③资本市场。直接融资市场比较发达时，企业的资产负债率可能较低。④传统文化、观念、体制及历史等原因。在一个崇尚稳健和保守的文化环境中，一般不会过多举债以增加财务风险。

第三，该指标的计算基础是全部资产和全部负债，因此它实际上是反映全部负债的偿付能力指标，如将其作为反映长期负债偿付能力的指标，不一定妥当。比如在商业企业，特别是批发企业，负债总额中的大部分、有些甚至全部是流动负债，那么资产负债率反映的主要是流动负债的偿付能力。为客观地反映长期负债的偿付能力，可采用长期资产负债率指标，即长期资产负债率＝长期负债/（资产总额−流动资产）。

根据表2-4提供的资料，可以计算T公司的资产负债率。

$$20×9\text{年末资产负债率}=\frac{6,601,640.00}{9,287,690.00}×100\%=71.08\%$$

$$202×\text{年末资产负债率}=\frac{7,412,540.00}{11,175,500.00}×100\%=66.33\%$$

（三）所有者权益比率和权益乘数

（1）所有者权益比率

所有者权益比率又称为权益比率，是企业所有者权益总额与资产总额之比，表明主权资本在全部资产中所占的份额。

$$\text{所有者权益比率}=\frac{\text{所有者权益总额}}{\text{资产总额}}×100\%$$

所有者权益比率的分析要点：

第一，该指标可以表明企业所融通的全部资金中，有多少是由所有者（或股东）提供的，它揭示了所有者对企业资产的净权益。

第二，所有者权益比率越高，说明所有者对企业的控制权越稳固，企业还可面临较低的还本付息的压力。

第三，所有者权益比率与资产负债率之和应该等于1。

根据表2-1提供的资料，可以计算T公司的所有者权益比率。

$$\text{期初所有者权益比率}=\frac{2,686,050}{9,287,690}×100\%=28.92\%$$

$$期末所有者权益比率 = \frac{3,762,940}{11,175,500} \times 100\% = 33.67\%$$

期末所有者权益比率为33.67%，说明100元的资产总额中只有33.67元来自权益资金，比重较低。故此，债权人利益的保障程度较低。

（2）权益乘数：

所有者权益比率的倒数，称为权益乘数，它说明企业资产总额与所有者权益的倍数关系。

$$权益乘数 = \frac{资产总额}{所有者权益总额}$$

权益乘数越大表明所有者投入企业的资本占全部资产的比重越小，企业负债的程度越高，财务风险也就越大；反之亦然。该指标也可以这样计算：

$$权益乘数 = \frac{1}{1 - 资产负债率}$$

运用权益乘数指标分析企业长期偿债能力时还应注意两点：

第一，权益乘数与资产负债率都是用于衡量长期偿债能力的，两个指标可以互相补充。资产负债率分析中应注意的问题，在权益乘数分析中也应引起注意。

第二，权益乘数与资产负债率之间是有区别的。其区别是反映长期偿债能力的侧重点不同。权益乘数侧重于揭示资产总额与所有者权益的倍数关系，倍数越大，说明企业资产对负债的依赖程度越高；资产负债率侧重于揭示总资本中有多少是靠负债取得的，说明债权人权益的受保障程度。

$$期初权益乘数 = \frac{1}{1 - 71.08\%} = 3.46$$

$$期末权益乘数 = \frac{1}{66.33\%} = 2.97$$

该公司的权益乘数，期末小于期初，说明企业期末资产对负债的依赖性降低。长期偿债能力有所增强；

（四）产权比率

产权比率是负债总额与所有者权益总额之间的比率，其计算公式为：

$$产权比率 = \frac{负债总额}{所有者权益总额} \times 100\%$$

这个指标通过企业负债与所有者权益进行对比来反映企业资金来源的结构比例关系，主要用于衡量企业的风险程度和对债务的偿还能力。该指标越小，表明企业长期偿债能力越强。如果认为资产负债率应当在40%~60%之间，则意味着产权比率应当维持在0.7~1.5之间。

根据表 2-4 提供的资料，可以计算 T 公司的产权比率。

$$期初产权比率 = \frac{6,601,640}{2,686,050} \times 100\% = 246\%$$

$$期末产权比率 = \frac{7,412,540}{3,762,940} \times 100\% = 197\%$$

计算结果表明，该公司期初、期末的产权比率都很高，大于 100%，意味着负债数高于所有者权益总额，同较高的资产负债率可相互印证，表明该公司的长期偿债能力较弱，债权人权益的保障程度较低。

反映企业长期偿债能力的核心指标是资产负债率，产权比率是对资产负债率的必要补充。

（1）产权比率指标反映了债权人提供的资本与股东提供的资本的相对关系，能反映基本财务结构的稳定性。一般来说，股东投入资本大于借入资本时比较好，但这并不是绝对的。

（2）产权比率也反映了债权人投入资本受所有者权益保护的程度，也可以表明当企业处于清算状态时，对债权人利益的保障程度。

（3）产权比率也反映了经营者运用财务杠杆的程度。当该指标过低时，表明企业不能充分发挥负债带来的财务杠杆作用；当该指标过高时，表明企业过度运用财务杠杆，增加了企业的财务风险。

运用产权比率衡量企业长期偿债能力时，还应注意以下几点：

第一，产权比率与资产负债率都是用于衡量长期偿债能力的，具有共同的经济意义，两个指标可以互相补充。资产负债率分析中应注意的问题，在产权比率分析中也应引起注意。

第二，产权比率与资产负债率之间是有区别的。其区别是反映长期偿债能力的侧重点不同。产权比率侧重于揭示债务资本与权益资本的相互关系，说明企业财务结构的风险性以及所有者权益对偿债风险的承受能力；资产负债率侧重于揭示总资本中有多少是靠负债取得的，说明债权人权益的受保障程度。

通过上面的计算可以看出，T 公司长期偿债能力较弱，对债权人的利益保障不充分，为该企业提供贷款，风险较高；

任务实施：

资产负债率：通过比较可知，T 公司期末资产负债率比期初降低了 4.75 个百分点，表明该企业长期债务负担略有下降。与上市公司的平均水平 50% 相比，该公司资产负债率仍然偏高；

利息保障倍数：期末期初都大于3；

所有者权益的比率：期初28.92%，期末33.67%，只有少部分资产是权益投资取得，说明债权人资产保证程度低；

通过上面的计算可以看出，T公司长期偿债能力较差，为该企业提供长期贷款，保障程度较低；风险较大；

任务训练：

1. 计算曙光公司资产负债率；

2. 用上述思路分析TCL集团最近的长期偿债能力；

练习题

一、单项选择

1. 下列各项中，可能导致企业资产负债率变化的经济业务是(　　)。

A. 收回应收账款　　　　　　　　B. 以固定资产对外投资（按账面价值作价）

C. 接受所有者投资转入的固定资产　　　D. 用现金购买债券

2. 利息保障倍数不仅反映了企业盈利能力，而且反映了(　　)。

A. 总偿债能力　　　B. 短期偿债能力　　　C. 长期偿债能力　　　D. 经营能力

3. 产权比率与权益乘数的关系是(　　)。

A. 产权比率×权益乘数=1　　　　　　B. 权益乘数=1/（1-产权比率）

C. 权益乘数=（1+产权比率）/产权比率　D. 权益乘数=1+产权比率

二、多项选择

1. 资产负债率，对其正确的评价有(　　)。

A. 从债权人角度看，负债比率越大越好

B. 从债权人角度看，负债比率越小越好

C. 从股东角度看，负债比率越大越好

D. 从股东角度看，当全部资本利润率高于债务利息率时，负债比率越大越好

2. 分析企业长期偿债能力时，已获利息倍数的利息支出包括(　　)。

A. 财务费用中的利息费用

B. 为购建固定资产借入长期借款的所有利息

C. 资本化利息

D. 固定资产投产后仍然发生的长期借款利息

3. 利息保障倍数指标所反映的企业财务层面，包括(　　)。

A. 盈利能力　　　　B. 长期偿债能力　　　C. 短期偿债能力　　　D. 发展能力

三、判断题

1. 如果已获利息倍数低于 1，则企业一定无法支付到期利息。　　　　　　　(　　)

2. 资产负债率与产权比率的乘积等于 1。　　　　　　　　　　　　　　　(　　)

四、计算题

根据表 2-10ABC 公司 2020 年度财务报表主要资料完成表 2-11；

表 2-10　ABC 公司 2020 年和 2019 年比较利润表

项目	上年数	本年数
一、营业收入	21000	26000
减：营业成本	11000	13200
税金及附加	1470	1680
销售费用	1765	1960
管理费用	1000	1100
财务费用	400	500
加：投资收益	700	700
二、营业利润	6065	8260
加：营业外收入	800	900
减：营业外支出	90	120
三、利润总额	6775	9040
减：所得税费用（25%）	1694	2260
四、净利润	5081	6780

表 2-11

财务比率	ABC 公司	行业平均水平
1. 资产负债率		55%
2. 产权比率		122%
3. 已获利息倍数		3.8 倍

计算表表中 ABC 公司的财务比率指标；

与行业平均水平相比较，说明 ABC 公司可能存在的问题。

任务五　盈利能力分析

学习目标

知识目标：掌握盈利能力指标计算

能力目标：会分析企业盈利能力

任务导入

为曙光公司提供原料的 T 公司据说盈利能力下降，请你分析一下，提出自己的看法；利润表如下

表 2-12　利润表

编制单位：T公司　　　　　　　　　　　　　　　　　　　　　　　　　　　单位：元

报表日期	202×/12/31	20×9/12/31
一、营业总收入	10, 487, 800. 00	10, 129, 700. 00
营业收入	10, 457, 900. 00	10, 102, 900. 00
利息收入	29, 814. 90	26, 794. 50
二、营业总成本	10, 506, 100. 00	10, 004, 200. 00
营业成本	8, 728, 280. 00	8, 328, 110. 00
利息支出	4, 697. 20	4, 737. 50
研发费用	—	—
税金及附加	46, 879. 20	51, 846. 40
销售费用	903, 230. 00	881, 489. 00
管理费用	679, 299. 00	608, 890. 00
财务费用	96, 706. 40	95, 060. 60
资产减值损失	47, 041. 90	34, 068. 40
公允价值变动收益	-19, 280. 20	8, 589. 60
投资收益	170, 988. 00	77, 349. 50

续表

报表日期	202×/12/31	20×9/12/31
其中：对联营企业和合营企业的投资收益	63,697.70	4,833.90
三、营业利润	134,070.00	211,325.00
营业外收入	262,927.00	299,486.00
营业外支出	10,126.90	4,908.40
非流动资产处置损失	3,331.80	1,676.70
利润总额	386,870.00	505,902.00
所得税费用	63,869.50	82,629.40
四、净利润	323,001.00	423,273.00
归属于母公司所有者的净利润	256,700.00	318,321.00
少数股东损益	66,300.80	104,952.00
五、每股收益		
基本每股收益	0.21（元）	0.35（元）
稀释每股收益	0.21（元）	0.35（元）
六、其他综合收益	-101,488.00	-65,824.90
七、综合收益总额	221,513.00	357,448.00
归属于母公司所有者的综合收益总额	176,306.00	264,950.00
归属于少数股东的综合收益总额	45,206.90	92,498.20

 知识准备

盈利能力指标可以分为以下几类，一是与投资有关的，二是与收入有关的，三是与成本费用有关的，四是与股本有关的；

一、与投资有关的盈利能力指标：

对企业来说，投入一词指的是企业控制的全部经济资源即总资产，据以计算确定的收益率指标被称为"资产报酬率或资产利润率"；对企业投资者来说，投入一词指的是投入资本或净资产，在股份制的企业称为股本或股东权益。

1. 总资产报酬率

（1）总资产报酬率的含义与计算公式

总资产报酬率是企业一定时期内获得的报酬总额与平均资产总额的比率。它是反映企业资产综合利用效果的指标，也是衡量企业利用债权人和所有者权益总额所取得盈利的重要指标。其计算公式为：

$$总资产报酬率 = \frac{息税前利润总额}{平均资产总额} \times 100\%$$

企业总资产的资金来源有两部分：一是所有者权益；二是负债。所有者的投资报酬体现为利润，债权人的报酬体现为利息。所以在衡量投资报酬时不能直接采用利润总额，而应采用息税前利润总额。再者，资产经营的目标决定了总资产报酬率的分子应使用息税前利润而不是息税后利润，因为资产经营的目标不仅仅是企业资本所有者利益，而是企业所有利益相关者的利益，用税前利润而不是税后利润，有利于全面反映企业总资产的贡献能力，包括对国家或社会的贡献能力。此外，由于资产负债表是静态报表，利润表是动态报表，所以，如果一项指标既涉及资产负债表的数字，又涉及利润表的数字，则资产负债表的数字一般要使用平均数。

（2）总资产报酬率的分析：

总资产报酬率的分析要点如下：

第一，总资产报酬率集中体现了资产运用效率和资金利用效果之间的关系，全面反映了企业全部资产的盈利水平，企业所有者和债权人对该指标都非常关心。

第二，一般情况下，该指标越高，表明企业的资产利用效果越好，整个企业盈利能力越强，经营管理水平越高。

第三，影响总资产报酬率指标值大小的因素包括两个方面：营业收入总额和总资产平均占用额。其中营业收入总额是总资产报酬率的正影响因素，营业收入越高，企业盈利能力越强；总资产平均占用额是总资产报酬率的负影响因素，在分析资产占用额对总资产报酬率的影响时，不仅应注意尽可能降低资产占用额，提高资产运用效率，还应该重视资产结构的影响，合理安排资产构成，优化资产结构。

根据表2-4和表2-12提供的资料，可以计算T公司的总资产报酬率。（假设20×9年初资产总额为7，808，060万元）

$$期初总资产报酬率 = \frac{600，962}{8，547，875} \times 100\% = 7.03\%$$

$$期末总资产报酬率 = \frac{483，576.40}{10，231，595} \times 100\% = 4.73\%$$

2. 净资产收益率:

（1）净资产收益率的含义与计算公式

净资产收益率是企业一定时期净利润与平均净资产的比率。它是反映自有资金投资收益水平的指标，是企业盈利能力指标的核心。该指标有两种计算方法：一种是全面摊薄净资产收益率；另一种是加权平均净资产收益率。

$$全面摊薄净资产收益率 = \frac{净利润}{期末净资产} \times 100\%$$

$$加权平均净资产收益率 = \frac{净利润}{平均净资产} \times 100\%$$

其中：平均净资产＝（所有者权益年初数＋所有者权益年末数）÷2

在全面摊薄净资产收益率计算公式中计算出的指标含义是强调年末状况，是一个静态指标，说明期末单位净资产对经营净利润的分享。在加权平均净资产收益率计算公式中计算出的指标含义是强调经营期间净资产赚取利润的结果，是一个动态的指标，说明经营者在经营期间利用单位净资产为公司新创造利润的多少。它是一个说明公司利用单位净资产创造利润能力的大小的一个平均指标，该指标有助于公司相关利益人对公司未来的盈利能力作出正确判断。

一般认为，净资产收益率越高，企业自有资本获取收益的能力就越强，运营效益越好，对企业投资者和债权人的保证程度越高。

根据表 2-4 和表 2-12 提供的 T 公司资料，计算该公司净资产收益率。（假设 20×9 年初所有者权益总额为 1995810 万元）

$$期初加权平均净资产收益率 = \frac{423273}{\dfrac{1995810 + 2686050}{2}} \times 100\% = 18.08\%$$

$$期末加权平均净资产收益率 = \frac{323001}{\dfrac{2686050 + 3762940}{2}} \times 100\% = 10.02\%$$

（2）净资产收益率的缺陷：

第一，净资产收益率的分子是净利润，分母是净资产，由于企业的净利润并非仅是净资产所产生的，因而分子分母的计算口径并不一致，从逻辑上是不合理的。

第二，以净资产收益率作为考核指标不利于企业的横向比较。由于企业负债率的差别，如某些企业负债畸高，导致某些微利企业净资产收益率偏高，而有些企业尽管效益不错，但由于负债较低，净资产收益率却较低。

第三，考核净资产收益率指标也不利于对企业进行纵向比较分析。企业可通过诸如以负债回购股权的方式来提高每股收益和净资产收益率，而实际上，该企业经济效益和资金利用效果并未提高。

第四，每股收益与净资产收益率指标互补性不强。由于各个上市公司的资产规模不相等，因而不能以各企业的收益绝对值指标来考核其效益和管理水平。目前，考核标准主要是每股收益和净资产收益率两项相对数指标，然而，每股收益主要是考核企业股权资金的使用情况，净资产收益率虽然考核范围略大（净资产包括股本、资本公积、盈余公积、未分配利润），但也只是反映了企业权益性资金的使用情况，显然在考核企业效益指标体系的设计上，需要调整和完善。

（3）净资产收益率指标是企业盈利指标的核心，也是杜邦财务指标体系的核心，更是投资者关注的重点。一般来说，净资产收益率越高，所有者和债权人的利益保障程度越高。如果企业的净资产收益率在一段时期持续增长，说明权益资本盈利能力稳定上升。但净资产收益率不是一个越高越好的概念，分析时要注意企业的财务风险。

分析时要注意如下问题：一是要将该指标与银行利率相比较；二是要与利润分配率相比较；三是还要结合净利润的构成进行分析。

二、与销售有关的盈利能力指标：

1. 销售毛利率：

1.1　销售毛利率计算：

销售毛利率是销售毛利与营业收入的比率。销售毛利是由营业收入减去营业成本而得，它最大的特点在于没有扣除期间费用。因此，它能排除期间费用对主营业务利润的影响，直接反映营业收入与支出的关系。其计算公式为：

$$销售毛利率 = \frac{营业收入 - 营业成本}{营业收入} \times 100\%$$

1.2　销售毛利率的分析：

销售毛利率的分析要点：

（1）销售毛利率反映的是企业营业收入的获利水平，销售毛利率越高，说明企业营业成本控制得越好，盈利能力越强。

（2）销售毛利率下降的主要原因：第一，因竞争而降低售价；第二，购货成本或生产成本上升；第三，由于市场变化或企业战略实施的暂时影响，使得毛利率水平较高的产品（商品）的生产（销售）量占总量的比重下降。

（3）销售毛利率指标具有明显的行业特点。一般来说，营业周期短、固定费用的行业的销售毛利率水平比较低；营业周期长、固定费用高的行业，则要求有较高的销售毛利率，以弥补其巨大的固定成本。

根据表 2-12 提供的 T 公司资料，销售毛利率。

$$20×9 \text{ 年度销售毛利率} = \frac{10,102,900 - 8,328,110}{10,102,900} × 100\% = 17.57\%$$

$$202× \text{ 年度销售毛利率} = \frac{10,457,900 - 8,728,280}{10,457,900} × 100\% = 16.54\%$$

202×年 T 公司销售毛利率下降了 1.03 个百分点，主要原因是 202×年收入增长了 3.54%（10,457,900—10,102,900）/10,102,900；而成本增长了 4.81% (8,728,280-8,328,110) /8,328,110；成本的增加幅度高于收入的增幅所致。

2. 销售净利率：

2.1 销售净利率的计算公式：

销售净利率是在分析企业盈利能力中使用最广的一项评价指标，是指企业净利润与营业收入的比值。其计算公式为：

$$\text{销售净利率} = \frac{\text{净利润}}{\text{营业收入}} × 100\%$$

该比率反映了每 1 元营业收入可实现的净利润的数额。销售净利率的分子是企业的净利润，也即企业的收入在扣除了成本和费用以及税收之后的净值，是企业最终为自身创造的收益，反映了企业能够自行分配的利润额。之后的提取公积金、发放股利等行为，都是建立在这个净利润的基础上。因此，用它与营业收入相比，能够从企业生产经营最终目的的角度，看待营业收入的贡献。

2.2 销售净利率的分析

其分析要点如下：

（1）该指标值越大，说明企业的盈利能力越强。指标值与企业净利润成正比，与营业收入成反比，因此企业必须在保持销售不变的情况下提高净利润，或者使得净利润的增长幅度超过营业收入的增长幅度，才能达到提高销售净利率的目标。

（2）由于指标中的净利润是企业各项收益与各项成本费用配比后的净利，所以各年的数额会有较大的变动，应注意结合盈利结构增减变动分析来考察销售净利率指标。

根据表 2-12 提供的 T 公司资料，计算该公司销售净利率。

$$20×9 \text{ 年销售净利率} = \frac{423273}{10102900} × 100\% = 4.19\%$$

$$202× \text{ 年销售净利率} = \frac{323001}{10457900} × 100\% = 3.09\%$$

202×年销售净利率比 20×9 年下降了 1.10 个百分点（3.09%-4.19%），主要原因是收入增加的同时，净利润在下降；

三、与成本费用有关的指标：

1. 成本费用利润率

3.1　成本费用利润率的含义与计算公式

经营中有所得，必然也有所费。通常，经营中的所费是用成本费用类指标来衡量的。经营所费与经营投入不是一回事。将所得与投入或资产比较，得出的是资产收益率或投资报酬率；将所得与所费比较，得出的就是这里讲的成本费用利润率，即指利润总额与成本费用总额得比值。其计算公式为：

$$成本费用利润率 = \frac{利润总额}{成本费用总额} \times 100\%$$

式中，成本费用总额＝营业成本＋税金及附加＋销售费用＋管理费用＋财务费用

成本费用利润率体现的是所得与所费的比例关系，其数值越大，则所费的报酬就越高，在获利总额不变时中，成本费用总额越小，成本费用利润率越高；当成本费用总额不不变时，利润总额越大，成本费用越高。在具体分析时，要分析成本费用的结构，研究减少不必要的开支，借以提高成本费用利润率。

3.2　成本费用利润率的分析

在企业获利水平一定的情况下，成本费用总额越小，成本费用利润率就越高，说明企业盈利能力越强。类似的，当企业成本费用总额一定时，利润总额越高，成本费用利润率就越高，企业的盈利能力越强。

根据表 2-12 提供的 T 公司资料，计算该公司成本费用利润率。

$$20\times9 \text{ 年成本费用利润率} = \frac{505,902}{9,965,936} \times 100\% = 5.08\%$$

$$202\times \text{年成本费用利润率} = \frac{386,870}{10,454,364.6} \times 100\% = 3.7\%$$

表 2-13　T 企业 20×9 年与 202×年成本费用利润率分析

单位：万元

项目	20×9 年	202×年	差异	变化率
利润总额	386，870.00	505，902.00	−119032.00	−23.53%
营业成本	8，728，280.00	8，328，110.00	400170.00	4.81%
税金及附加	46，879.20	51，846.40	−4967.20	−9.58%
销售费用	903，230.00	881，489.00	21741.00	2.47%

续表

项目	20×9 年	202×年	差异	变化率
管理费用	679, 299.00	608, 890.00	70409.00	11.56%
财务费用	96, 706.40	95, 060.60	1645.80	1.73%
成本费用小计	10, 454, 394.6	9, 965, 396.0	488998.60	4.91%
成本费用利润率	3.70%	5.08%	-1.38	-27.11%

由上表可以看出，成本费用利润率 202×年比 20×9 年下降了 1.38 个百分点，下降了 27.17%。主要原因是营业成本的上升，由于营业成本在收入中占得比重较大，虽然营业成本上升的幅度只有 4.81%，但影响很大；其次是管理费用和销售费用的增加；由于成本费用的增加幅度高于收入的增幅，使得利润总额下降；导致成本费用利润率的下降。

四、与股本有关盈利能力分析

对于股份公司获利能力进行分析时，除了通过上述获得指标外，还应当进行一些与企业股票价格或市场价值相关的指标分析，如每股收益、每股股利、市盈率等。

（1）每股收益

每股收益，也称为每股利润或者每股盈余，是指净利润扣除优先股肌息后的余额与发行在外的普通股的平均股数的比率。它反映了每股发行在外的普通股所能分摊到的净收益。这一指标对于股东的利益关系极大，他们往往根据该指标进行投资决策。

每股收益是评价上市公司投资报酬的基本和核心指标，因为它具有引导投资、增加市场评价功能、简化财务指标体系的作用。具体来说就是：

第 1，每股收益指标具有联结资产负债表和利润表的功能，作为两张会计报表的"桥梁"；

第 2，每股收益指标较好地反映了股东的投资报酬，决定了股东的收益数量；

第 3，每股收益还是确定企业股票价格的主要参考指标。其计算公式为：

$$每股收益 = \frac{净利润 - 优先股股利}{发行在外的普通股股数}$$

该指标与其他财务指标不同的是：每股收益需要会计人员计算并列示在利润表上，分析者不必另外计算。在各国，有关上市公司财务报告的准则和制度一般都要求在利润表上列示每股收益的指标。每股收益越高，表明公司的盈利能力越强。

每股收益分析时应注意的问题：

1.1 每股收益不反映股票所包含的风险；

1.2 股票是一个"份额"概念，不同股票的每一股在经济上不等量，它们所含有的净资产和市价不同即换取每股收益的投入量不相同，限制了每股收益的公司间比较；

1.3 每股收益多，不一定意味着多分红，还要看企业股利分配政策。

（2）每股股利

普通股每股股利简称每股股利，它反映每股普通股获得现金股利的情况。其计算公式为：

$$每股股利=\frac{普通股现金股利总额}{发行在外的普通股股数}$$

由于股利通常只派发给年末的股东，因此计算每股股利时分母采用年末发行在外的普通股股数，而不是全年发行在外的平均股数。

每股股利是上市公司普通股股东从公司实际分得的每股利润，它反映上市公司当期利润的积累和分配情况。每股股利越高，说明普通股获取的现金报酬越多。当然，每股股利并不完全反映企业的盈利情况和现金流量状况。因为股利分配状况不仅取决于企业的盈利水平和现金流量状况，还与企业的股利分配政策相关。

（3）市盈率

市盈率是上市公司普通股每股市价相对于每股收益的倍数，反映投资者对上市公司每股净利润愿意支付的价格，可以用来估计股票的投资报酬和风险。

$$市盈率=\frac{普通股每股市价}{普通股每股收益}$$

市盈率是反映上市公司盈利能力的一个重要财务比率，投资者对这个比率十分重视。一般来说，市盈率高，说明投资者对该公司的发展前景看好，愿意出较高的价格购买该公司股票，所以一些成长性较好的高科技公司股票的市盈率通常要高一些。但是，也应该注意，如果某一种股票的市盈率过高，则也意味着这种股票具有较高的投资风险。

影响市盈率的因素有：第一，上市公司盈利能力的成长性。如果上市公司预期盈利能力不断提高，说明企业具有较好的成长性，虽然目前市盈率较高，也值得投资者进行投资。第二，投资者所获取报酬率的稳定性。如果上市公司经营效益良好且相对稳定，则投资者获取收益也较高且稳定，投资者就愿意持有该企业的股票，则该企业的股票市盈率由于众多投资者的普遍看好而相应提高。第三，市盈率也受到利率水平变动的影响。当市场利率水平变化时，市盈率也应作相应的调整。

使用市盈率进行分析的前提是每股收益维持在一定水平之上，如果每股收益很小或接近亏损，但股票市价不会降至为零，会导致市盈率极高，此时很高的市盈率不能说明任何问题；此外，以市盈率衡量股票投资价值尽管具有市场公允性，但还存在一些缺陷；第一，股票价格的高低受很多因素影响，非理性因素的存在会使股票价格偏离其内在价值；

第二，市盈率反映了投资者的投资预期，但由于市场不完全和信息不对称，投资者可能会对股票 做出错误估计。

因此，通常难以根据某一股票在某一时期的市盈率对其投资价值做出判断，应该进行不同期间以及同行业不同公司之间的比较或与行业平均市盈率进行比较，以判断股票的投资价值。

任务实施

表2-14　T公司盈利能力指标比较分析表

比较项目	20×9年	202×年	差异（百分点）
总资产报酬率	7.03%	4.73%	-2.30
净资产收益率	18.08%	10.02%	-8.06
销售毛利率	17.57%	16.54%	-1.03
成本费用利润率	5.08%	3.70%	-1.38

从上表可以看出，202×年T公司的各项利润指标比20×9年都有下降。下降幅度最大的是净资产收益率；

净资产收益率下降的原因是，该公司20×9年平均净资产的增加幅度较大，增加额是614343万元（3224495.00－2610152）增幅达到了23.54%，同时净利润下降了100,272.00万元，下降幅度达23.69%；

任务训练

1. 用上述方法，计算曙光公司202×年的盈利能力指标；展示并讲述；

2. 用下列方式写一段话：如果T公司管理费用（或销售费用）下降1%，利润总额增加××元，增加幅度为×%；

阅读与思考：

一个进入职场一年的会计人，他所在的C企业很快要成为上市公司了；这一天，总经理将他叫到了他的办公室，指着表示上市公司的盈利能力的20个指标，说："我们公司上市后，就要提供这些指标，我们要尽可能少地透露财务秘密，还要提供符合证监会要求的这些指标。请你解释一下这些指标的含义，用的时间不要超过10分钟。"

他看了一下这些指标：

总资产利润率（％），主营业务利润率（％），总资产净利润率（％），成本费用利润率（％），营业利润率（％），主营业务成本率（％），销售净利率（％），销售净利率（％），股本报酬率（％），净资产报酬率（％），资产报酬率（％），销售毛利率（％），三项费用比重，非主营比重，主营利润比重，股息发放率（％），投资收益率（％），主营业务利润（元）；

20个，这么多，10分钟能说清楚吗？

下面四种回答：

A：指标有点多，我回去准备一下，半个小时后来回答您，可以吗？

B：这些指标我不懂啊，老师没有讲过，我不会。

C：我学得比较差，你不如找我们科室的高材生小刘解决这个问题；

D：好，那我就说一下看；

设想一下，如果是你，你会选择哪个回答？

对指标解释：

这些指标分为3类，第一类，带"××率"的；第二类，带"比重"两个字的；第三类：除了以上两类的；

对于带"××率"的，是两个数字相除的结果，先说的在分母，后说的在分子上，如"总资产利润率"就是用利润总额/总资产；主营业务利润率就是：利润总额/主营业务收入；大多数指标都是这一类；这里需要解释的有两个，一是主营业务成本率，这个名字只有一个词，主营业务成本和谁相除？这里是和主营业务收入相除，衡量的是主营业务收入中主营业务成本占比例多少，该比例高则主营业务收入的盈利贡献就低；二是："报酬"指什么，这里就是指的息税前利润，就是"净利润+所得税费用+利息"；如净资产报酬率=息税前利润/平均净资产；

第二类，带"比重"两个字的，有三个指标：

1. 三项费用比重=期间费用/营业收入；数字越大，利润越低；

2. 非主营比重=其他业务收入/营业收入；数字越大，主业越不突出；

3. 主营利润比重=主营业务利润/利润总额；数字越大，投资损失，或者营业外支出，期间费用越少；

第三类：是两个绝对数：主营业务利润，扣除非经常损益后的利润；

这些指标中，最重要的是销售毛利率。

销售毛利率=（销售收入-销售成本）/销售收入；该指标如果波动较大，说明利润造假；如果没有核心的竞争能力，该指标远远大于行业先进水平，也说明利润造假；如果该指标高于行业平均水平，那么该企业应该在业内有较强的商业谈判能力，现金周转期应该较小或者是负数，如果不是这样，也说明利润造假；现金周转期=存货周转期+债权周转期-无息负债周转期；

对几个回答的点评：

经理这样问你，有这样几个意图；

1. 考察一下你的业务水平，工作态度，工作能力（如归纳总结的能力，透过现象看本质的能力，表达能力等），考察的目的是想委以重任；

2. 想了解这些财务指标；

如果你的回答是 A：评价：你比较谨慎，不自信，但较为负责；进一步的评价要看半个小时后你的表现；

B：业务水平差（不会）；缺乏解决问题的思路（没有给出解决方案）；容易推卸责任（暗示不会的原因是老师没有教，似乎责任在别人）；没有自信心（可能会一点，但说不清，就说不会;)

C：业务水平差，自信心不足，有一定的责任心（介绍小刘，考虑到了问题的解决）；如果小刘这次表现好，你就把这次可能打开职场上升空间的机会给了小刘；

练习题

一、单选题

1. 其他条件不变的情况下，下列经济业务可能导致总资产报酬率下降的是(   )。

A. 用银行存款支付一笔销售费用　　　　B. 用银行存款购入一台设备

C. 将可转换债券转换为优先股　　　　　D. 用银行存款归还银行借款

2. 下列有关每股收益说法正确的有(   )。

A. 每股收益，是衡量上市公司盈利能力的财务指标

B. 每股收益多，反映股票所含有的风险大

C. 每股收益多，则意味每股股利高

D. 每股收益多的公司市盈率就高

3. 用于评价企业盈利能力的总资产报酬率指标中的"报酬"是指(   )。

A. 息税前利润　　　B. 营业利润　　　C. 利润总额　　　D. 净利润

4. 某企业 2016 年年初实收资本和资本公积分别为 2000000 元和 900000 元，年末实收资本和资本公积分别为 2200000 元和 1000000 元，净利润为 750000 元，则该企业的资本收益率为(   )。

A. 35.71%　　　　B. 24.59%　　　　C. 14.58%　　　　D. 32.45%

5. ( ) 是反映盈利能力的核心指标。

A. 总资产报酬率　　B. 营业利润率　　C. 净资产收益率　　D. 营业净利润率

二、多选题

1. 影响净资产收益率的因素有( )。

A. 流动负债与长期负债的比率　　　　B. 资产负债率

C. 营业净利率　　　　　　　　　　　D. 资产周转率

2. 属于企业盈利能力分析指标的是( )。

A. 总资产报酬率　　　　　　　　　　B. 资本保值增值率

C. 资本收益率　　　　　　　　　　　D. 盈余现金保障倍数

三、判断题

1. 当总资产报酬率高于负债利息率时，提高负债与所有者权益之比，将使净资产收益率提高。　　　　　　　　　　　　　　　　　　　　　　　　　　　( )

2. 净资产收益率是反映企业盈利能力的核心指标。　　　　　　　　( )

3. 销售利润率是综合反映企业成本效益的重要指标。　　　　　　　( )

4. 企业盈利能力的高低与利润的高低成正比。　　　　　　　　　　( )

5. 影响成本费用利润率的因素与影响营业利润率的因素是相同的。　( )

四、分析题

20×9 年年底 A 公司拥有 B 公司 20% 有表决权资本的控制权，202× 年 A 公司有意对 B 公司继续投资。A 公司认为 B 公司的盈利能力比财务状况、营运能力更重要，他们希望通过投资获得更多的利润。因此，A 公司收集了 B 公司的有关资料。

资料 1（见下表）

表 2-15　利润表

编制单位：B 公司　　　　　　　　　　　　　　　　　　　　　　　　单位：千元

项目	20×9 年度	202× 年度
一、营业收入	1200000	1500000
减：营业成本	1050000	1100000
税金及附加	8000	15000
销售费用	2000	3000
管理费用	12000	15000
财务费用	4000	1000
资产减值损失	1000	2000

续表

项目	20×9 年度	202×年度
加：投资净收益	2000	5000
二、营业利润	125000	371000
加：营业外收入	8200	30100
减：营业外支出	18000	6000
三、利润总额	115200	395100
减：所得税费用	38016	130383
四、净利润	77184	264717

资料 2：

表 2-16　财务费用表

编制单位：B 公司　　　　　　　　　　　　　　　　　　　　　　　单位：千元

项目	20×9 年	202×年
利息支出	5000	8000
减：利息收入	2893	10039
汇兑损失	3108	3809
减：汇兑收益	1320	956
其他	105	186
财务费用	4000	1000

资料 3：

表 2-17　有关资产、负债及所有者权益资料

编制单位：B 公司　　　　　　　　　　　　　　　　　　　　　　　单位：千元

项目	20×9 年	202×年
平均总资产	2815000	3205000
平均净资产	1063000	1885000

要求：（1）计算反映资产经营盈利能力和资本经营盈利能力的指标；

（2）评价该企业盈利能力状况。

任务六　营运能力分析

学习目标

知识目标：理解营运能力计算指标

能力目标：会计算营运能力指标，并简要分析

任务导入

分析 T 公司的营运能力。

盈利能力指标反映创造利润的多少；目标是多；营运能力反映创造利润的速度；目标是快；周转率是营运能力分析的指标，分为流动资产周转率，固定资产周转率，总资产周转率；

 知识准备

营运能力主要指资产运用、循环的效率高低。一般而言，资金周转速度越快，说明企业的资金管理水平越高，资金利用效率越高，企业可以以较少的投入获得较多的收益。因此营运能力指标是通过投入与产出（主要指收入）之间的关系反映。企业营运能力分析主要包括：流动资产营运能力分析、固定资产营运能力分析和总资产营运能力分析三个方面。

一、流动资产周转情况分析

（一）应收账款周转情况分析

1. 应收账款周转率

应收账款周转率又叫应收账款周转次数，是企业一定时期内赊销收入与应收账款平均余额的比率，是反映应收账款周转速度的指标。其计算公式为：

$$应收账款周转率（周转次数）= \frac{赊销收入}{应收账款平均余额}$$

应收账款平均余额 =（应收账款余额年初数 + 应收账款余额年末数）÷2

利用上述公式计算应收账款周转率时，需要注意以下几个问题：

（1）由于各个企业公开的财务信息资料很少标明赊销收入金额，企业外部人士往往无法获取企业赊销收入的数据，因此也可以将现销视为收款期为零的赊销，从而用所有的营业收入代替赊销收入。

（2）公式中的应收账款包括会计核算中"应收账款"和"应收票据"等全部赊销账款在内。

（3）为了使该指标尽可能接近实际值，计算平均数时应尽可能使用更详尽的资料，如按每月甚至各旬或日的应收账款余额来计算其平均占用额。

（4）分子、分母的数据应注意时间的对应性。

2. 应收账款周转期

应收账款周转期又叫应收账款周转天数，它是计算期天数与应收账款周转率之比。其计算公式为：

$$应收账款周转期（周转天数）=\frac{360}{应收账款周转率}$$

$$=\frac{应收账款平均余额 \times 360}{营业收入}$$

3. 应收账款周转情况分析

应收账款周转率或周转期反映了企业应收账款管理效率的高低。其分析要点如下：

（1）一定时期内，应收账款周转率越高，应收账款周转天数越短，说明应收账款收回得越快，应收账款的流动性越强，同时应收账款发生坏账的可能性也就越小。反之亦然。

（2）影响应收账款周转率下降的原因主要是企业的信用政策、客户故意拖延和客户财务困难。如果一个企业的应收账款周转率过高，则可能是由于企业的信用政策过于苛刻所致，这样又可能会限制企业销售规模的扩大，损害企业的市场占有率，影响企业长远的盈利能力。因此，对应收账款周转率和应收账款周转天数不能片面地分析，应结合企业具体情况深入了解原因，以便作出正确的决策。

（3）应收账款是时点指标，易受季节性、偶然性和人为因素的影响，分析时应注意该指标被严重高估或低估的现象。

应收账款能否收到货币资金，是衡量应收账款质量的重要指标，周转率作为应收账款的效率指标还应该结合应收账款的质量指标一起分析，才更有价值；

应收账款收现率=销售商品和劳务收到的现金/平均应收账款

该指标反映了应收账款的变现能力，也反映应收账款的管理水平，该指标大一点好；

根据表 2-4 和表 2-12 提供的 T 公司资料，计算该公司应收账款周转次数和应收账款周转天数和收现率。

表 2-18　T 公司 20×9 年和 202×年应收账款周转率分析

单位：万元

比较项目	20×9 年	202×年	差异额	差异率
应收账款	1，330，880.00	1，330，780.00	-100.00	0.00
年初	102，671.00			
平均应收账款	716，775.50	1，330，830.00	614，054.50	85.67%
营业收入	10，102，900.00	10，457，900.00	355，000.00	3.51%
应收账款周转率	14.09	7.86	-6.24	-44.25%
应收账款周转天数	25.54	45.81	20.27	79.37%
销售商品和提供劳务收到的现金	10，738，900.00	11，260，600.00	521，700.00	4.86%
应收账款收现率	14.98	8.46	-6.52	-43.52%

20×9 年应收账款周转次数＝10，102，900/716，775＝14.09（次）

202×年应收账款周转次数＝10，457，900/1，330，830＝7.86（次）

20×9 年应收账款周转天数＝360/14.09＝25.55（天）

202×年应收账款周转天数＝360/7.86＝45.80（天）

20×9 年应收账款收现率＝10，738，900/716，775＝14.98

202×年应收账款收现率＝11，260，600/1，330，830＝8.46

202×年应收账款周转次数降低了 6.23 次，降低了 44.25%，主要原因是平均应收账款增加了 85.67%，而营业收入只增加了 3.51%，增加幅度低于应收账款的增幅所致；

202×年应收账款的周转天数增加了 20.27 天，增加率是 79.37%，主要原因是应收账款周转次数的降低；

从上述两点可以看出，应收账款周转效率在下降；

202×年应收账款收现率降低了 43.52%；说明 202×年应收账款变现能力降低了；该公司应收账款的回收速度变慢，应收账款管理效率在降低；

主要原因是 202×年销售商品和提供劳务收到的现金增加了 4.86%；平均应收账款增加了 85.67%，平均应收账款增加幅度高于销售商品和提供劳务收到的现金的增幅；

(二) 存货周转情况分析

1. 存货周转率

存货周转率又叫存货周转次数，是企业一定时期内营业成本（或销售成本）与存货平均余额的比率，其计算公式为：

$$存货周转率（周转次数）= \frac{营业成本}{存货平均余额}$$

$$存货平均余额 = （存货余额年初数 + 存货余额年末数）÷ 2$$

2. 存货周转期

存货周转期又称为存货周转天数，是反映存货周转情况的另一个重要指标，它是计算期天数与存货周转率之比。其计算公式为：

$$存货周转天数 = \frac{360}{存货周转率}$$

$$= \frac{存货平均余额 × 360}{营业成本}$$

3. 存货周转情况的分析

其分析要点如下：

（1）一般来说，存货周转率越高，表明存货周转速度越快，存货变现能力越强，资金占用水平越低，但不能盲目追求高存货周转率。该指标过高可能存在如下问题：存货水平太低；采购过于频繁，批量太小；可能出现停工待料等现象。

（2）如果存货周转率恶化，则可能由以下原因造成：低效率的存货控制和管理导致存货的过度购置；销售困难导致存货积压或不适当的销售政策导致销售不畅；预测存货将升值而故意囤积居奇。

（3）不同企业存货计价方法不一样，可能会造成指标差异。例如，在物价上涨时，采用先进先出法计价的企业的存货成本会相对较高。

（4）在计算时应注意该指标分子和分母数据时间上的对应性。此外，不同行业存货周转率指标可能有较大差异。

根据表2-4和表2-12提供的T公司资料，计算该公司存货周转率和存货周转天数。

表2-19　T公司存货周转率分析表

单位：万元

比较项目	202×年	20×9年	差异额	差异率
营业成本	8，728，280.00	8，328，110.00	400，170.00	4.81%
存货期初数	942，314.00	121，830.00	820，484.00	673.47%
本期存货数	902，856.00	942，314.00	-39，458.00	-4.19%
平均存货	922，585.00	532，072.00	390，513.00	73.39%
存货周转率（次数）	9.46	15.65	-6.19	-39.56%
存货周转期（天数）	38.05	23.00	15.05	65.45%

$$202×年存货周转次数=\frac{8728280}{922585}=9.46（次）$$

其中：202×年存货平均余额＝（942，314.00+902，856.00）÷2

$$=922，585.00（元）$$

$$202×年存货周转天数=\frac{360}{9.46}=38.05（天）$$

其余同理；

营业成本差异额＝8，728，280.00−8，328，110.00

$$=400，170.00（元）$$

营业成本差异率＝400，170.00/8，328，110.00

$$=4.81\%$$

其余同理；

计算结果表明，T公司202×年存货周转次数比20×9年下降，存货周转天数增加，说明存货管理水平在下降，存货变现速动趋于缓慢。

（三）流动资产周转情况综合分析

要了解整个流动资产的周转情况，还需要对流动资产的周转情况进行总体分析。

1. 营业周期

营业周期是指从外购商品或接受劳务从而承担付款义务开始，到收回因销售商品或提供劳务并收取现金之间的时间间隔。从前面的分析中我们知道，存货周转天数与应收账款周转天数之和就等于从购入存货到售出存货并收取现金平均需要的天数。

营业周期＝存货周转天数+应收账款周转天数

一般来说，营业周期越短，说明企业完成一次营业活动所需要的时间越短，企业的存货流动越顺畅，账款收取越迅速。当然，营业周期也并非越短越好，而是要具体情况具体分析。

此外，营业周期不仅可以用于分析和考察企业资产的使用效率和管理水平，而且可以用来补充说明和评价企业的流动性。事实上，营业周期的长短是决定企业流动资产需要水平的重要因素，营业周期越短的企业，流动资产的数量也往往比较少，其流动比率和速动比率往往保持在较低的水平，但由于流动资产的管理效率高，因而从动态角度看该企业的流动性仍然很强，企业的短期偿债能力仍然有保障；相反，如果一家企业的营业周期很长，那么很有可能是应收账款或存货占用资金过多，并且变现能力很差，虽然这家企业流动比率和速动比率都可能很高，但企业的流动性却可能很差。因此营业周期可以作为分析企业短期偿债能力的补充指标。

根据上述资料，可以计算出 T 公司各年的营业周期。

$$20×9 \text{ 年营业周期} = 23 + 25.54 = 48.54 \text{（天）}$$

$$202× \text{年营业周期} = 38.05 + 45.81 = 83.86 \text{（天）}$$

计算结果表明，T 公司的营业周期 202×年比 20×9 年上升了，说明其应收账款和存货的管理效率正在下降。

2. 流动资产周转率

流动资产周转率是反映流动资产总体周转情况的重要指标，是指一定时期内营业收入与流动资产的平均占用额之间的比率，一般情况下选择以一定时期内取得的营业收入作为流动资产周转额的替代指标。其计算公式为：

$$\text{流动资产周转率} = \frac{\text{营业收入}}{\text{流动资产平均余额}}$$

其中：流动资产平均余额 =（流动资产期初余额 + 流动资产期末余额）÷2

流动资产周转天数是反映流动资产周转情况的另一个重要指标，其计算公式为：

$$\text{流动资产周转天数} = \frac{\text{计算期天数}}{\text{流动资产周转率}}$$

$$= \frac{\text{流动资产平均余额} × 360}{\text{营业收入}}$$

其分析要点如下：

（1）企业流动资产周转率越高，流动资产周转天数越短，表明企业以相同的流动资产占用实现的销售收入越多，说明企业流动资产的运用效率越好，进而使企业的偿债能力和盈利能力均得以增强。反之，则表明企业利用流动资产进行经营活动的能力较差，营运效率较低。

（2）由于流动资产是企业短期偿债能力的基础，企业应该有一个比较稳定的流动资产数额，并以此提高使用效率，应防止企业以大幅度降低流动资产为代价追求高周转率。

根据表 2-4 和表 2-12 提供的 T 公司资料，计算该公司流动资产周转率和流动资产周转天数。

$$202× \text{年流动资产周转次数} = \frac{10457900}{5461490} = 1.91 \text{（次）}$$

表 2-20 T 公司流动资产周转率分析表

单位：万元

比较项目	202×年	20×9 年	差异额	差异率
流动资产期初数	5,548,030.00	4,792,860.00	755,170.00	15.76%

比较项目	202×年	20×9 年	差异额	差异率
本期流动资产	5,374,950.00	5,548,030.00	-173,080.00	-3.12%
平均流动资产	5,461,490.00	5,170,445.00	291,045.00	5.63%
营业收入	10,457,900.00	10,102,900.00	355,000.00	3.51%
流动资产周转次数	1.91	1.95	-0.04	-2.00%
流动资产周转天数	188	184.24	3.76	2.04%

其中：202×年流动资产平均余额=（5,548,030.00+5,374,950.00）÷2

$$=5,461,490.00（元）$$

$$202×年流动资产周转天数=360/1.91=188（天）$$

其余同理；

计算结果表明，T公司的流动资产周转率202×年比20×9年有所下降，流动资产周转天数有所上升，说明该公司流动资产的利用效率在不断下降。

二、固定资产周转情况分析

对固定资产周转情况的分析一般通过固定资产周转率与固定资产周转天数两个财务指标进行。

（一）固定资产周转率与固定资产周转天数

固定资产周转率是指企业年营业收入与固定资产平均额的比率。它是反映企业固定资产周围情况，从而衡量固定资产利用效率的一项指标。其计算公式为：

$$固定资产周转率=\frac{营业收入}{固定资产平均净值}$$

其中：固定资产平均净值=（固定资产期初净值+固定资产期末净值）÷2

固定资产周转天数是反映流动资产周转情况的另一个重要指标，其计算公式为：

$$固定资产周转天数=\frac{计算期天数}{固定资产周转率}$$

$$=\frac{固定资产平均余额×360}{营业收入}$$

（二）固定资产周转情况分析

固定资产周转情况的分析要点：

1. 固定资产周转率越高，周转天数越少，表明企业固定资产利用越充分，同时也说明企业固定资产投资得当，固定资产结构分布合理，能够较充分地发挥固定资产的使用效率，营运能力较强。

2. 这一指标的分母采用的是固定资产净值，因此指标的比较会受到折旧方法和折旧年限的影响，应注意其可比性问题。

3. 企业的固定资产一般采用历史成本入账，在企业的固定资产、销售量没有发生变化的情况下，也可能由于通货膨胀的影响导致物价上涨，使销售收入增加，结果固定资产周转率会提高，但此时固定资产效能并没有增加。

企业要想提高固定资产周转率，就应加强对固定资产的管理，做到固定资产投资规模得当、结构合理。规模过大，造成设备闲置，形成资产浪费，固定资产使用效率下降；规模过小，生产能力小，形不成规模效益。。

根据表 2-4 和表 2-12 提供的 T 公司资料，计算该公司固定资产周转率和固定资产周转天数。

表 2-21　T 公司固定资产周转率分析表

单位：万元

比较项目	202×年	20×9 年	差异额	差异率
固定资产期初数	2,036,420.00	2,049,700.00	-13,280.00	-0.65%
本期固定资产	2,612,270.00	2,036,420.00	575,850.00	28.28%
平均固定资产	2,324,345.00	2,043,060.00	281,285.00	13.77%
营业收入	10,457,900.00	10,102,900.00	355,000.00	3.51%
固定资产周转次数	4.50	4.94	-0.45	-9.01%
固定资产周转天数	80.01	72.80	7.21	9.91%

计算结果表明，T 公司的固定资产周转率有所下降，202×年周转天数比 20×9 年增加了 7.21 天，增长率是 9.91%；说明固定资产利用效率也在下降。

三、总资产营运能力分析

（一）总资产周转率与总资产周转天数

1. 总资产周转率

总资产周转率是指企业一定时期内的营业收入与平均资产总额的比率，它反映企业的总资产在一定时期内（通常为 1 年）周转的次数。其计算公式为：

$$总资产周转率 = \frac{营业收入}{平均资产总额}$$

其中：平均资产总额 =（期初资产总额+期末资产总额）÷2

2. 总资产周转天数

总资产周转天数是反映企业所有资产周转情况的另一个重要指标，它等于计算期天数与总资产周转率之比。其计算公式为：

$$总资产周转天数 = \frac{计算期天数}{总资产周转率}$$

$$= \frac{总资产平均余额 \times 360}{营业收入}$$

（二）总资产周转情况的分析

总资产周转情况的分析要点如下：

1. 一般来说，总资产周转率越高，总资产周转天数越短，说明企业所有资产周转得越快，同样的资产取得的收入越多，因而资产的管理水平越高。

2. 总资产周转率的高低，取决于营业收入和总资产两个因素。增加收入或减少总资产，都可以提高总资产周转率。通过该指标的对比分析，不但能够反映出企业本年度及以前年度总资产的运营效率变化，而且能够发现企业与同类企业在资产利用上存在的差距，促进企业挖掘潜力、积极创收、提高产品市场占有率、提高资产利用率。

3. 要注意总资产周转率的异常变化，例如在营业收入基本不变的情况下，企业突然报废大量固定资产，会使当期总资产周转率大幅度上升，此时该指标就不具有可比性，对特殊情况应注意特殊的评价和揭示。

根据表 2-4 和表 2-12 提供的 T 公司资料，计算该公司总资产周转率和总资产周转天数。

表 2-22　T公司总产周转率分析表

单位：万元

比较项目	202×年	20×9 年	差异额	差异率
总资产期初数	9,287,690.00	7,808,060.00	1,479,630.00	18.95%
本期总资产	11,175,500.00	9,287,690.00	1,887,810.00	20.33%
平均总资产	10,231,595.00	8,547,875.00	1,683,720.00	19.70%
营业收入	10,457,900.00	10,102,900.00	355,000.00	3.51%
总资产周转次数	1.02	1.18	-0.16	-13.52%
总资产周转天数	352.21	304.59	47.62	15.63%

计算结果表明，T 公司总资产周转率 202×年比 20×9 年有所下降，说明企业总资产的使用效率有所降低。

以上分析的共同点：

●除了存货周转率的分子是销货成本外，其他周转率指标的分子都是销售收入，分母是平均资产；

●周转次数越多，资产管理水平越高；

●分析关注：收入不变，资产降低带来的周转率增加；

拓展思考：

1. 只要销售收入多，其他条件不变时，营运能力指标就能提高；收入有水分吗？

●水分的体现是什么？

●如何看出水分？

有两个指标可以考察：

●销售收入收现率=销售商品和劳务收到的现金/销售收入

●应收款收现率=销售商品和劳务收到的现金/应收账款 应收票据平均余额

任务实施

表 2-23　T 公司 20×9 年与 202×年营运能力比较表

比较项目	202×	20×9	差异
应收账款周转次数	7. 86	14. 09	-6. 23
应收账款周转天数	45. 81	25. 55	20. 25
存货周转次数	9. 46	15. 65	-6. 19
存货周转天数	38. 05	23	15. 05
营业周期	83. 85	48. 55	35. 30
流动资产周转次数	1. 91	1. 95	-0. 04
流动资产周转天数	188	184. 24	3. 76
固定资产周转次数	4. 5	4. 94	-0. 44
固定资产周转天数	80. 01	72. 8	7. 21
总资产周转次数	1. 02	1. 18	-0. 16
总资产周转天数	352. 21	304. 59	47. 62

202×年与 20×9 年相比，各类资产的周转率都呈现下降趋势，总资产周转率下降，周转天数增加 47. 62 天；

T 公司 202×年营运能力与 20×9 年比，明显下降，说明资产管理效率在降低；

任务训练

用上述思路，计算曙光公司营运能力；

练习题

一、单项选择

1. (　　)指标越高，说明企业资产的运用效率越高，也意味着企业的资产盈利能力越强。

A. 总资产周转率　　B. 存货周转率　　C. 总资产报酬率　　D. 应收账款周转率

2. 企业的应收账款周转天数为 80 天，存货周转天数为 120 天，则营业周期为(　　)天。

A. 40　　　　　B. 80　　　　　C. 120　　　　　D. 200

3. 在计算总资产周转率指标时使用的收入指标是(　　)。

A. 营业收入　　B. 补贴收入　　C. 投资收益　　D. 营业外收入

二、多项选择题

1. 影响应收账款周转率下降的原因主要是(　　)。

A. 销售收入下降　　　　　　　　B. 客户故意拖延

C. 企业扩大赊销政策范围　　　　D. 客户财务困难

2. 对企业资产周转率分析时应考虑的因素包括(　　)。

A. 资产的管理力度　　　　　　　B. 所处行业及其经营背景

C. 资产构成及其质量　　　　　　D. 企业所采用的赊销政策

3. 存货周转率中，(　　)。

A. 存货周转次数越多，表明存货周转快

B. 存货周转次数越少，表明存货周转快

C. 存货周转天数越多，表明存货周转快

D. 存货周转天数越少，表明存货周转快

三、判断题

1. 在其他条件不变时，流动资产比重越高，总资产周转速度越快。　　　　　(　　)

2. 资产周转次数越多，周转天数越多，表明资产周转速度越快。　　　　　　(　　)

3. 最能反映资产运用效率的是资产所产生的收入。　　　　　　　　　　　　(　　)

4. 在分析资产营运效率时，还应该充分考虑补贴收入和营业外收入的影响。　(　　)

5. 存货周转率越高越好。　　　　　　　　　　　　　　　　　　　　　　　(　　)

6. 营业周期是存货周转天数与应收账款周转天数之差。　　　　　　　　　　(　　)

7. 资产管理力度越大，拥有越合理的资产结构和越优良的资产质量，资产周转率也

就越高。 （ ）

8. 企业资产增长率越高，则说明企业的资产规模增长势头一定越好。 （ ）

四、计算题

ABC 公司连续 3 年的资产负债表、利润表中的相关资料如下表。

表 2-24　ABC 公司主要财务数据对比表

项目	2018 年	2019 年	2020 年
营业收入（万元）	215530	277890	303285
营业成本（万元）	158855	232265	245568
流动资产（万元）	145520	138895	129445
其中：应收账款（万元）	49775	37670	35865
存货（万元）	31550	40089	29985
固定资产（万元）	67850	63290	51295
资产总额（万元）	226380	216758	192155
总资产周转率（次）			
流动资产周转率（次）			
应收账款周转率（次）			
存货周转率（次）			
固定资产周转率（次）			

要求：（1）计算并填列表中空项；

（2）对 ABC 公司的营运能力进行评价

任务七　利润质量分析

学习目标

知识目标：领会利润结构和利润含金量的含义

能力目标：会分析利润质量

任务导入

T公司为曙光公司提供原材料，有传闻说，该公司利润虚假，如果真是这样，将会影响曙光公司的原材料供应，请分析T公司利润的质量；

 知识准备

利润质量是指企业利润的形成过程 以及利润结果的合规性、效益性及公允性。

各种盈利能力指标反映的是利润的数量，利润的数量远远没有利润的质量重要，如何分析利润的质量？从两个方面，其一，是利润的构成，其二是利润含金量；

（一）利润表各项目构成和主要公式

主营业务利润=主营业务收入-主营业务成本（包括主营业务税金和附加）

营业利润=主营业务利润+其他业务利润-期间费用+（-）公允价值变动损益

利润总额=营业利润+营业外收入-营业外支出

净利润=利润总额-所得税费用；

从利润的构成看，可以看出利润的稳定性；

1. 利润总额中主营业务利润比重大；正常损益所占的比重越大，利润的稳定性和可持续性越强，利润质量越高；

2. 营业外收入，公允价值变动损益，投资收益所占比重应该小；这些是非正常损益，不具有稳定性和可持续性，比重越高，利润质量越差；

（二）利润含金量

利润含金量=经营活动现金流量净额/利润总额；当分子分母都为正数，该指标越高，企业利润质量较高；

该指标用来衡量利润总额中有多少是经营活动创造的。

从利润的含金量上看，高质量利润的标志是：

1. 利润总额与经营活动现金净流量正相关；

2. 二者如果负相关或者不相关，利润质量差；好的企业应该是有利润更有钱；

差的企业：有利润没有钱或没有利润也没有钱；

此处用经营过程现金净流量，是因为一般认为经营过程现金净流量具有持续性，稳定性；利润含金量有以下几种情况；

利润含金量大于 0 时；

● 情况一：分子，分母均为正：

● 大于 1   有利润更有钱；利润质量高   数字越大，质量越高

● 大于 0 小于 1   利润多，钱少；质量一般

● 情况二：

● 分子分母均为负：没钱没利润；利润可能较为真实。

利润含金量小于 0 时；

● 情况一：

● 分子大于 0，分母小于 0；有钱没利润，原因需要进一步分析

● 情况二：

● 分子小于 0，分母大于 0；常见   有利润没钱，利润质量差；

原因可能是：存在较多的应收账款，没有货币资金流入的投资收益，没有货币资金流入的营业外收入较多；

(三) 注意事项

分析要结合特定企业的实际，不可完全照搬照抄；要深入到表内各个项目构成，才能做到合理分析；要注意有没有不良资产的增加、关联交易的定价是否合理，如果有异常利润如其他业务利润、投资收益、补贴收入、营业外收入等要从利润总额中扣除掉。

分析要实事求是，根据数字说话，不可主观臆断；价值判断，要客观公正，不可随心所欲；要符合逻辑，不可前矛后盾，作出的结论要能自圆其说，以理服人；

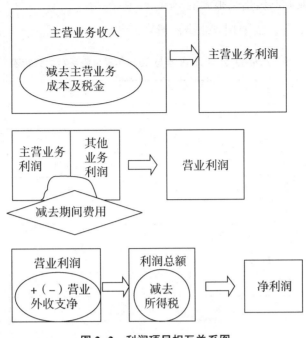

图 2-2　利润项目相互关系图

任务实施

1. 计算各部分利润的比重：

表 2-25　T 公司 202×和 20×9 年利润结构对比分析表

项目	202×		20×9	
	实际数	占利润总额的比重	实际数	占利润总额的比重
营业外收入	262，927.00	0.68	299，486.00	0.59
投资收益	170，988.00	0.44	77，349.50	0.15
扣除非正常损益后利润	123，943.00		206，416.00	
利润总额	386，870.00		505，902.00	
营业利润	134，070.00		211，325.00	
其中：投资收益	170，988.00		77，349.50	

由上表可以看出，20×9 年，营业外收入的比重达 59%，202×年增加到了 68%，说明主营业务创造的利润较少；该企业连续两年，利润增加主要靠营业外收入，利润取得的可持续性差。

还应注意到，202×年的投资收益大于营业利润，如果扣除投资收益，营业利润将是负数，投资收益对营业利润做出了很大的贡献。

2. 计算利润含金量：需要用到现金流量表

表 2-26　T 公司 20×9 年与 202× 年现金流量对比分析表

报告期	202×/12/31	20×9/12/31
一、经营活动产生的现金流量		
销售商品、提供劳务收到的现金	11，260，600.00	10，738，900.00
客户存款和同业存放款项净增加额	−7，578.50	15，238.30
向中央银行借款净增加额	−8，640.20	−17，518.00
向其他金融机构拆入资金净增加额	—	—
收到原保险合同保费取得的现金		
收取利息、手续费及佣金的现金	29，917.10	26，845.10
拆入资金净增加额	—	—
回购业务资金净增加额		
收到的税费返还	385，768.00	325，300.00
收到的其他与经营活动有关的现金	249，406.00	131，488.00
经营活动现金流入小计	11，909，500.00	11，220，200.00
购买商品、接受劳务支付的现金	9，038，970.00	8，614，690.00
客户贷款及垫款净增加额	−13，169.50	133，356.00
存放中央银行和同业款项净增加额	−26，615.10	31，592.30
支付保单红利的现金	—	—
支付给职工以及为职工支付的现金	770，611.00	673，962.00
支付的各项税费	401，320.00	383，948.00
支付的其他与经营活动有关的现金	998，978.00	841，480.00
经营活动现金流出小计	11，170，100.00	10，679，000.00
经营活动产生的现金流量净额	739，408.00	541，224.00
二、投资活动产生的现金流量：		
收回投资所收到的现金	1，481，270.00	765，133.00
取得投资收益所收到的现金	67，389.60	37，357.80
处置固定资产、无形资产和其他长期资产所收回的现金净额	2，630.10	14，696.20
处置子公司及其他营业单位收到的现金净额	40，376.60	12，475.90

报告期	202×/12/31	20×9/12/31
收到的其他与投资活动有关的现金	7,853.80	1,380.50
投资活动现金流入小计	1,599,520.00	831,043.00
购建固定资产、无形资产和其他长期资产所支付的现金	1,657,800.00	769,348.00
投资所支付的现金	1,886,790.00	1,126,120.00
取得子公司及其他营业单位支付的现金净额	3,932.10	8,552.70
支付的其他与投资活动有关的现金	—	—
投资活动现金流出小计	3,549,290.00	1,917,320.00
投资活动产生的现金流量净额	−1,949,770.00	−1,086,280.00
三、筹资活动产生的现金流量：		
吸收投资收到的现金	1,053,590.00	506,524.00
其中：子公司吸收少数股东投资收到的现金	483,996.00	305,292.00
取得借款收到的现金	4,267,510.00	2,722,640.00
发行债券收到的现金	394,788.00	20,000.00
收到其他与筹资活动有关的现金	91,341.80	13,000.00
筹资活动现金流入小计	5,807,220.00	3,262,160.00
偿还债务支付的现金	4,032,500.00	2,403,930.00
分配股利、利润或偿付利息所支付的现金	319,017.00	201,796.00
	46,996.20	36,627.40
支付其他与筹资活动有关的现金	79,022.00	1,482.80
筹资活动现金流出小计	4,430,540.00	2,607,210.00
筹资活动产生的现金流量净额	1,376,690.00	654,948.00
附注		
汇率变动对现金及现金等价物的影响	55,585.70	4,678.30
现金及现金等价物净增加额	221,912.00	114,575.00
期初现金及现金等价物余额	1,058,710.00	944,133.00
期末现金及现金等价物余额	1,280,620.00	1,058,710.00
净利润	323,001.00	423,273.00
少数股东权益	—	—
未确认的投资损失	—	—
资产减值准备	47,041.90	34,068.40

续表

报告期	202×/12/31	20×9/12/31
固定资产折旧、油气资产折耗、生产性物资折旧	365,857.00	328,913.00
无形资产摊销	24,175.80	20,135.30
长期待摊费用摊销	10,592.40	8,020.50
预提费用的增加	—	—
处置固定资产、无形资产和其他长期资产的损失	237	-1,635.10
固定资产报废损失	—	—
公允价值变动损失	19,280.20	-8,589.60
递延收益增加（减：减少）	—	—
预计负债	—	—
财务费用	126,489.00	128,773.00
投资损失	-170,988.00	-77,349.50
递延所得税费用资产减少	-12,993.80	-19,659.80
递延所得税费用负债增加	-2,604.10	1,993.70
存货的减少	15,412.40	33,232.00
经营性应收项目的减少	13,395.00	-321,256.00
经营性应付项目的增加	-46,092.10	24,881.10
已完工尚未结算款的减少（减：增加）	—	—
已结算尚未完工款的增加（减：减少）	—	—
其他	—	—
经营活动产生现金流量净额	739,408.00	541,224.00
一年内到期的可转换公司债券		
融资租入固定资产		
现金的期末余额	1,280,620.00	1,058,710.00
现金的期初余额	1,058,710.00	944,133.00
现金等价物的期末余额	—	—
现金等价物的期初余额	—	—
现金及现金等价物的净增加额	221,912.00	114,575.00

表 2-27　T 公司利润含金量对比分析表

单位：元

项目	202×	20×9	差异额	差异率
利润总额	386,870.00	505,902.00	-119,032.00	-23.53%
经营活动现金净流量	739,408.00	541,224.00	198,184.00	36.62%
其中：收到的其他与营业活动有关的现金	249,406.00	131,488.00	117,918.00	89.68%
利润含金量	1.91	1.07	0.84	78.65%

202×年 T 公司利润含金量较 20×9 年有所上升，主要原因是利润总额 202×年下降了 23.53%，而经营活动现金净流量增加了 36.62%所致；从数据看，似乎 20×9 年利润质量有所提升，深入下去，则不然；

202×年经营活动现金净流量的增加，主要是因为收到的其他与经营活动有关的现金增加了 89.68%所致；我们认为，现金流量的增加应该主要来自销售商品提供劳务收到的现金才是正常的；而非"收到的其他"。

练习题

1. 利润的数量和质量是不是一回事？为什么？

2. 用上述分析思路，分析曙光公司的利润质量，写出分析报告，课堂展示；

3. 分析 TCL 集团的利润含金量指标，写出分析报告，课堂展示；

4 企业亏损和利润表真实两种情况是否可以并存于同一个企业？

5 销售收入收现率与利润含金量有什么关系？

6. 给企业经营者看的利润表和给税务部门，银行看的利润表是否一样？为什么？深入思考，下节课上课时讲一讲；

任务八　现金流量项目分析

学习目标

知识目标：理解现金流量表的构成

能力目标：会分析现金流量各个项目

任务导入

T公司的会计小王写了份T公司现金流量表的分析报告，报告如下，请你说出每一段分析的理论根据；数据见表2-26

　知识准备

现金流量是指企业现金和现金等价物的流入和流出。现金流量表是反映企业一定会计期间现金和现金等价物流入和流出情况的报表。现金流量按照经营活动、投资活动和筹资活动进行分类报告，其目的是便于报表使用者了解各类活动对企业财务状况的影响以及评估企业未来的现金流量。

一、经营活动现金净流量分析

经营活动是指企业投资活动和筹资活动以外的所有交易和事项。

（1）经营活动现金净流量大于零。即经营活动的现金流入量大于现金流出量，意味着企业的经营活动比较正常，具有"自我造血"功能，通过经营活动收取的现金，不仅能满足经营本身的需要，而且剩余的部分还可以用于再投资或偿债，体现企业稳定的经营活动对投资和理财的支持能力。

（2）经营活动现金净流量等于零。即经营活动的现金流入量等于现金流出量，这种情况在现实中比较少见，意味着经营过程中的现金"收支平衡"，长此以往不仅使得企业能够增加未来收益的长期投资无法实施，而且对简单再生产的维持也只能停留在短期内。此时如果企业想继续存在下去，只能通过外部融资来解决资金困难。因此，该情况对企业的长远发展不利。

（3）经营活动现金净流量小于零。即经营活动的现金流入量小于现金流出量，意味着经营过程的现金流转存在问题，经营中"入不敷出"。经营不仅不能支持投资或偿债，而且还要借助于收回投资或举借新债所取得现金才能维持正常的经营，如果这种局面长期内不能改变，企业将会陷于财务困境。

二、投资活动现金流量分析

投资活动是指企业长期资产的购建和不包括在现金等价物范围内的投资及其处置活动。

（1）投资活动现金净流量大于或等于零。即投资活动产生的现金流入量大于或等于现金流出量，这种情况可以得出两种相反的结论：一种是企业投资收益显著，尤其是短期投资回报收现能力较强；另一种可能就是企业因为财务危机，同时又难以从外部筹资，而不得不处置一些长期资产，以补偿日常经营活动的现金需求。如果是后一种情况，分析时应进一步研究企业的财务状况以及以后期间是否会演化为财务危机。

（2）投资活动现金净流量小于零。即投资活动产生的现金流入量小于现金流出量，这种情况也有两种解释：一种是企业投资收益状况较差，投资没有取得经济效益，并导致现金的净流出；另一种可能是企业当期有较大的对外投资，因为大额投资一般会形成长期资产，并影响企业今后的生产经营能力，所以这种状况下的投资活动净现金流量小于零对企业的长远发展是有利的。因此分析时应注意区分该结果的原因，从而得出准确的结论。

（3）将投资收益所取得的现金项目与利润表中的投资收益项目联系起来分析。投资收益所取得的现金净流量项目与利润表中的投资收益项目金额的比值越大，说明企业所实现的变现投资收益越高。

三、筹资活动现金流量分析

筹资活动是指导致企业资本及债务规模和构成发生变化的活动。

（1）筹资活动现金净流量大于零。正常情况下，企业的资金需求主要通过自身经营现金流入解决，但是当企业处于初创、成长阶段，或者企业遇到经营危机时，仅仅依靠经营现金流入是不够的，企业应通过外部筹资满足资金需求。此时，企业筹资活动现金净流量一般会大于零。分析时应注意看筹资活动现金净流量大于零是否正常，主动筹资行为正常，因投资活动和经营活动的现金流出失控，企业不得已的筹资行为不正常，这是被动行为。

（2）筹资活动现金净流量小于零。这种情况的出现原因一般是企业在本会计期间集中发生偿还债务、支付筹资费用、进行利润分配、偿付利息等业务。

（3）融资组合和融资方式分析。例如，债务融资在通货膨胀时，企业以贬值的货币偿还债务会使企业获得额外利益，但债务融资的风险较大，在经济衰退时尤其如此。

【小王的分析】

公司 202×年末现金及现金等价物比年初增加 221，912 万元，其中，经营活动产生的现金流量净额为 739，408 万元；投资活动产生的现金流量净额为-1，949，770 万元；筹资活动产生的现金流量净额为 1，376，690 万元。

（一）经营活动

该公司经营活动产生的现金现金流入 11，909，500 万元，现金流出 11，170，100 万元，流入量高于流出量 6.62%；说明企业经营活动的现金流量具备自我造血能力，通过经营活动收回的现金，能够满足经营本身的需要，还可以为企业的其他各项活动（如用于再投资或偿债）提供一些支持。

（二）投资活动现金流量分析

该公司投资活动产生的现金流入 1，599，520 万元，现金流出 3，549，290 万元。该公司购建固定资产、无形资产和其他长期资产支付的现金的现金流出为 1，657，800 万元，远远大于处置固定资产、无形资产的现金流入的 40，376.6 万元，这是扩展中的企业表现出来的常态，这说明企业可能面临新的投资和发展机遇。而全部投资活动现金流量之所以为负数，主要是投资支付的现金和购建固定资产、无形资产和其他长期资产支付的现金数额较大所致。收回的现金达 1，481，270 万元，投资收现率高达 41.73%，应进一步分析是投资回报收到的现金还是处置投资收回的现金。

将投资收益所取得的现金项目与利润表中的投资收益项目联系起来，投资收益所取得的现金项目与利润表中的投资收益项目相除，该数值 202×年 39.4%，比 20×9 年的 48.3% 略有下降。

（三）筹资活动现金流量分析：

公司筹资筹资活动现金流入 5，807，220 万元，现金流出 4，430，540 万元。以债务筹资为主，金额高达 4，662，298.00 万元，占全部筹资活动现金流入的 80.1%。由于大量的债务筹资，使得还本付息的压力相当大。从表中可以看到，企业以现金偿还债务的本金高达 4，032，500 万元。在目前的物价上涨时期，企业以贬值的货币偿还债务会使企业获得额外利益。

筹资活动现金流入高于现金流出量 31.07%，表明企业借款大于还款。是因为公司正处于高速发展扩张时期。仅靠经营活动现金流量净额远不能满足所追加投资，必须筹集必要的外部资金作为补充。

任务实施

1. 经营活动现金流量是创造现金的主体部分，流入应该大于流出；

2. 投资活动收到的现金较大；如果是投资回报收现，说明投资活动效果好；如果是收回投资收现，此项现金流入未来不一定有；

3. 筹资活动现金流出高于流入，说明企业对借款的依赖性强；这种做法增加了财务风险，但在物价上涨时期，也使企业获得了额外的收益；

任务训练

1. 仿照上述方法，从现金流量构成流入流出结构分析曙光公司现金流量表；

2. 将曙光公司的现金流量表和利润表结合起来计算企业销售收入收现率；

3. 计算 TCL 集团最近的收现率，并与格力电器进行比较分析；

练习题

说说现金流量表和利润表的主要区别；与资产负债表的关系；

任务九　现金流量结构分析

学习目标

知识目标：理解现金流量结构分析的内容

能力目标：会分析现金流量的结构

任务导入

分析 T 公司现金流量的流入和流出构成；

 知识准备

分析各类现金流入占总流入的比重，各类现金流出占总流出的比重，分析其合理性；

现金流量表结构分析是指对现金流量的各个组成部分及其相互关系的分析。它可以分为现金流入结构的分析、现金流出结构的分析和净现金结构的分析三个部分。通过 结构分析，可以了解企业现金的来源、去向以及净现金如何形成，并进一步分析各项目的变动对总体产生的影响、发生变化 的原因和趋势，从而有利于对企业获取现金的能力作出准确的判断的评价。

一、现金流入结构的分析

现金流入结构是指企业经营活动、投资活动和筹资活动产生的现金流入在全部现金流入中所占的比重，通过现金流入结构的分析，可以了解企业的现金来自什么渠道，据以判断和评价企业现金流入 的全理性，把握增加现金流入的途径。

1. 一般来说，在现金流入量中经营活动的现金流入量所占比重最大，特别是主营业务活动现金流入量应明显大于其他经营活动的现金流入量。

2. 投资活动产生的现金流入虽然很重要，对于一般企业而言，它不应该成为现金增加的主要来源，因为对外 投资毕竟只是企业经营活动的延伸而非核心。对外投资产生的现金流量 具有不确定 性和偶然性，它不能代替经营活动成为创造 现金流入的主角。

3. 筹资活动产生的现金流入，虽然能反映企业从外部获取现金的强弱，介画之缘所带来的现金流入是否有利，还取决于其使用效果的好坏，即是否带来的经营活动和投资活动的现金流入的增加，故筹资活动的现金流入同样不能成为创造现金流入的主角。

二、现金流出结构的分析

现金流出结构是指企业各项业务活动产生的现金流出在全部现金流出 中的比重，以及各项业务活动现金流出 中具体项目的构成和比重。

1. 一般来说，经营活动现金流出 的比重应较大，尤其是购买商品、接受世界各国和支付工资等活动的现金流出量在现金流出 总量中应占在较大的比重。投资活动和筹资活动的现金流出比例的大小，则因企业的现财策略不同而存在较大的差异。

2. 投资活动现金支出经费重增大，则说明企业在保证生产经营的基础上，将更多 的资金用于扩大再生产和对外 投资，以谋求进一步发展。

3. 筹资活动现金支出的比重增大，则说明以前举借的债务到期需要偿还 或企业打算发放更多 的股利 以回报投资者。

总之，对一个生产经营型企业来说，正常情况应当是经营活动现金流量所占比重较大，且具有一定的稳定性。而投资活动的筹资活动现金流量 的变化 ，与企业的投融资政策和财务策略有关。它们会因个来抽融资 政策和财务 策略的变化而波动，其稳定性较差，有时具有一定偶然性。投资活动和筹资活动现金流出 的不稳定性，必然 会影响经营活动、投资活动和筹资活动现金在全部现金流量 中所占的比重。

任务实施

（1）流入结构：

表 2-28　T 公司 202×年现金流入结构分析表

单位：万元

项目	流入量	比重
经营活动现金流入	11，909，500.00	62.04%
其中：销售商品提供劳务收到的现金	11，260，600.00	94.55%
投资活动现金流入	1，599，520.00	8.33%
其中：收回投资收到的现金	1，481，270.00	92.61%
筹资活动现金流入	5，807，220.00	30.25%
其中：债务筹资	4，662，298.00	80.28%
股权筹资	1，053，590.00	18.14%

项目	流入量	比重
现金流入合计	19, 197, 990.00	

1. 公司202×年现金流入总量为19, 316, 240.00万元, 其中经营活动现金流入、投资活动现金流入和筹资活动现金流入所占比重分别为62.04%、8.33%和30.25%。可见企业的现金流入主要为经营活动现金流入, 其次是筹资活动中的借款, 而投资活动的现金流入相对较少。

2. 经营活动现金流入中的销售商品、提供劳务收到的现金所占比重最大, 占94.55%, 说明企业的主营业务较为稳定, 这对于企业的可持续发展是有利的。收回投资收到的现金占投资活动现金流入的92.61%; 取得投资收益收到的现金比重较小。取得投资收益收到的现金越多, 说明企业对外投资的决策正确; 而处置的资产是多余或闲置的, 这种变现对企业的经营和理财有利; 收回投资收到的现金, 要进一步分析是到期收回, 还是提前收回, 如果是后者, 说明企业经营或偿债出现了困难。

筹资活动现金流入中债务筹资占80%, 而吸收投资收到的现金只有18%, 说明T企业过分依赖债务筹资;

（二）流出结构

表2-29 T公司202×现金流出结构分析表

项目	金额（元）	结构百分比（%）
经营活动现金流出	11, 170, 100.00	58.33%
其中：购买商品、接受劳务支付的现金	9, 038, 970.00	47.20%
支付给职工以及为职工支付的现金	770, 611.00	4.02%
支付的各种税费	401, 320.00	2.10%
支付其他与经营活动有关的现金	998, 978.00	5.22%
投资活动现金流出	3, 549, 290.00	18.53%
其中：购建固定资产等支付的现金	1, 657, 800.00	8.66%
投资支付的现金	1, 886, 790.00	9.85%
筹资活动现金流出	4, 430, 540.00	23.14%
其中：偿还债务支付的现金	4, 032, 500.00	21.06%
分配股利、利润或偿付利息支付的现金	319, 017.00	1.67%
支付其他与筹资活动有关的现金	79, 022.00	0.41%
现金流出合计	19, 149, 930.00	1

续表

项目	金额（元）	结构百分比（%）

1. 企业现金流出中，"购买商品、接受劳务支付的现金"占较大比例，为47.2%，结合资产负债表和利润表，主要原因是企业当年销售上升，增加了当年采购和生产方面的支出。

2. "偿还债务支付的现金"比率也较大，达到21.06%，与"取得借款收到的现金"占现金收入的22%相比较，可以明显看出，产生的原因是企业借款为短期所致，每期内企业借新债还旧债，以解决流动资金的需求。

3. 投资活动现金支出占18.53%，它表明企业的投资活动处于良性循环状态下。由于"构建固定资产和投资支付的现金"数额较大，也表明该企业对外扩张的意图明显。

任务十　现金流量与产品寿命周期分析

学习目标

知识目标：理解产品生命周期理论与现金流量的关系

能力目标：会根据现金流量特点判断产品的寿命周期

任务导入

你作为曙光公司的财务主管，领导让你分析上游企业甲电器公司处在哪个发展阶段，用的什么理财策略；

 知识准备

一、产品寿命周期理论

典型的产品生命周期一般可分为四个阶段，即初创期、成长期、成熟期和衰退期。

1. 初创期。此时，顾客对产品还不了解，只有少数追求新奇的顾客可能购买，销售量很低。为了扩展销路，需要大量的促销费用，对产品进行宣传。在这一阶段，由于技术方面的原因，产品不能大批量生产，因而成本高，销售额增长缓慢，企业不但得不到利润，反而可能亏损。

2. 成长期。这时顾客对产品已经熟悉，大量的新顾客开始购买，市场逐步扩大。产品大批量生产，生产成本相对降低，企业的销售额迅速上升，利润也迅速增长。竞争者看到有利可图，将纷纷进入市场参与竞争，使同类产品供给量增加，价格随之下降，利润增长速度逐步减慢，最后达到生命周期利润的最高点。

3. 成熟期。市场需求趋向饱和，潜在的顾客已经很少，销售额增长缓慢直至转而下降，标志着产品进入了成熟期。在这一阶段，竞争逐渐加剧，产品售价降低，促销费用增加，企业利润下降。

4. 衰退期。随着科学技术的发展，新产品或新的代用品出现，将使顾客的消费习惯发生改变，转向其他产品，从而使原来产品的销售额和利润额迅速下降。产品进入衰

退期。

二、现金流量与生命周期的基本特征

1. 处于初创阶段现金流量状况

处于开办阶段的公司可谓"饥渴的现金使用者",他们需要大量的现金来购买厂房设备和支付员工工薪,同时销售收回的现金却极少。该阶段体现的现金流量状况通常是:(1)投资活动活跃,投资活动用去的现金流量远大于经营活动产生的现金流量;(2)存在着大量对外筹资需求,筹资活动产生的现金流量金额巨大;(3)由于净利润尚小,固定资产折旧、各种摊销和应计费用对经营活动产生的现金流量的贡献较大;(4)出于稳健性考虑,现金及其等价物的变动额往往表现为净增加。

2. 处于不断增长阶段公司的现金流量状况

处于不断增长阶段公司的现金需求远远超出其产生现金的能力,它们必须不断地扩充厂场设备以迅速发展,达到生产的规模经济,否则等待它们的命运不是被兼并便是经营失败,该阶段表现出的现金流量的特点有:(1)销售商品、提供劳务产生的现金流量逐年大幅增长;(2)经营活动产生的现金流量严重依赖于折旧、摊销和应计费用;(3)经营活动产生的现金流量严重低于投资活动需要的现金流量,筹资活动引入的现金流量仍相当巨大。

3. 稳定增长公司的现金流量状况

稳定增长公司基本上能够实现依赖内部(如折旧额)为增长筹资,随着大部分潜在市场被渗透,公司追加生产能力的速度放慢。该阶段公司面临的挑战是,一方面市场缓慢增长,另一方面竞争日益剧烈,公司常踏入的误区是,产品陈旧过时,无法满足老到的顾客对改善辅助性服务、拓宽产品选择范围的需求。该阶段现金流量的特点是:(1)净利润和折旧额、摊销额之和常常足以抵偿投资支出,营运资本变动对经营活动产生的现金流量的影响甚微;(2)富余的现金流量净增加额使公司能够支付大量的股利给股东和偿还借款,筹资活动产生的现金流量通常为负。成熟阶段的公司对资本的需求较小,顾客对它们产品的需求增长缓慢,公司不需要在扩大生产能力方面迈太大的步子。

4. 成熟公司的现金流量状况

成熟公司尽管通常介入多种行业,但销售额增长缓慢,同时,多角化经营导致重组频繁,重组费用高昂。该阶段现金流量状况的特点是:(1)折旧和摊销经常足以满足投资支出的需要,即使考虑了通货膨胀条件下,资本性设备的重置成本通常超出原始账面成本的因素,情况亦是如此。换言之,公司正处于"负投资"的状态;(2)公司倾向支付巨额股利给股东,甚至回购股票,筹资活动产生的现金流量常常体现为巨额流出。

5. 衰退阶段公司的现金流量状况

衰退阶段公司现金流量的特点是：（1）与逐渐增长阶段的公司相类似，身处衰退阶段的公司通常亦是净现金使用者，即现金变动额体现为净减少，但原因有所不同。前者是因为拥有太多的有吸引力的投资机会，后者则源于其低盈利能力导致其在现有的行业内难以为继；（2）微薄的净利润和折旧等无法满足再投资所需的资金，为弥补现金流量不足，公司常常要增加债务或清理证券和财产，从而产生大额的筹资活动产生的现金流入量；（3）不同于成熟阶段的公司将大量的现金返还给投资者，以供其运用于更高回报的项目，衰退阶段的公司都倾向于保留股利和举债以维持生存。

三、现金流量与产品寿命周期关系

表 2-30　现金流量与产品寿命周期关系表

经营活动	投资活动	筹资活动	分析影响结果
+	+	+	企业筹资能力强，经营与投资收益良好，是一种较为理想的状态。此时应警惕资金的浪费，把握良好的投资机会。
+	+	-	企业进入成熟期。在这个阶段产品销售市场稳定，已进入投资回收期，经营及投资进入良性循环，财务状况安全，但很多外部资金需要偿还，以保持企业良好的融资信誉。
+	-	+	企业高速发展扩张时期的表现。这时产品的市场占有率高，销售呈现快速上升趋势，造就经营活动中大量货币资金的回笼；为了扩大市场份额，企业仍需要大量追加投资，仅靠经营活动现金流量净额远不能满足所追加投资，必须筹集必要的外部资金作为补充。
+	-	-	企业经营状况良好，可在偿还前欠债务的同时继续投资，但应密切关注经营状况的变化，防止由于经营状况恶化而导致财务状况恶化。
-	+	+	企业靠举债维持经营活动所需资金，财务状况可能恶化；投资活动现金流入增加是一个亮点，但要分析是来源于投资收益还是投资收回。如果是后者，企业面临的形势将更加严峻。
-	+	-	企业衰退时期的症状：市场萎缩，产品销售的市场占有率下降，经营活动现金流入小于流出，同时企业为了应付债务不得不大规模收回投资以弥补现金的不足。如果投资活动现金流量来源于投资收益还好，如果来源于投资收回，则企业将会出现更深层次的危机。

续表

经营活动	投资活动	筹资活动	分析影响结果
−	−	+	有两种情况：企业处于初创期阶段，企业需要投入大量资金，形成生产能力，开拓市场，其资金来源只有举债融资等筹资活动；②企业处于衰退阶段，靠举债维持日常生产经营活动，如不能度过难关，则前途不乐观。
−	−	−	这种情况往往发生在盲目扩张后的企业，由于市场预测失误等原因，造成经营活动现金流出大于流入，投资效益低下造成亏损，使投入扩张的大量资金难以收回，财务状况异常危险，到期债务不能偿还。

任务实施

T 公司 202×年经营活动现金净流量是正数，投资活动现金净流量是负数，筹资活动现金净流量为正，说明公司是高速发展扩张时期。这时产品的市场占有率高，销售呈现快速上升趋势，造就经营活动中大量货币资金的回笼；为了扩大市场份额，企业仍需要大量追加投资，仅靠经营活动现金流量净额远不能满足所追加投资，必须筹集必要的外部资金作为补充。

应该说明的是经营活动现金净流量为负数，除了初创期以外，其他时候这种现象都是不正常的；

任务训练

模仿上述方法分析最近一个会计期间 TCL 集团现金流量特点和产品寿命周期阶段；

任务十一　现金流量充足性稳定性成长性分析

学习目标：

知识目标：理解现金流量充足性稳定性成长性的含义；

能力目标：会分析现金流量的充足性稳定性和成长性；

任务导入：

分析 T 公司 202×年现金流量的充足性稳定性和成长性；数据来自表 2-4 和 2-25

知识准备

一、充足性主要包括三个指标：

（1）满足所有支出需要：经营净现金流量/（负债偿还额+投资活动现金流出+股利支付流出）

指标大于 1，说明经营活动创造的现金流量能满足所有的支出需要；

（2）满足投资需要：经营净现金流量/资本支出

大于 1，说明内涵扩大再生产水平高，自身盈余创造未来现金流的能力强。

（3）能支付到期债务：经营净现金流量/（到期债务本金+到期债务利息）

小于 1，说明债务自我清偿能力差；

二、稳定性分析：

分析经营现金流入量的比重：经营现金流入/总现金流入

比重大，现金流的稳定性强；

三、成长性分析：

本期经营产生的净现金流量/基期净现金流量

无增长的表现：指标 ≈ 1

现金流无增长原因：

（1）提前确认收入，虚构收入；

如何判断？

"经营现金净流量/收入"与"经营现金净流量/利润总额"比较，前者小，可以认定；

（2）应收账款不能及时收现：如何判断是否存在这种情况，通过主营业务收现率指标。

主营业务收现率=销售商品提供劳务收到现金/主营业务收入

该指标在1左右，是个合理的动态关系，表明不存在大量的应收账款；太小，销售形势变差，可能存在舞弊或信用政策有误；

现金流成长指标>1

形成此种情况的原因分析：

（1）负债主导型：应付或预收项目增加引起；这种情况要注意避免信誉风险；

（2）资产转换型：应收账款，预付账款减少；有助于提高经营效率和盈利质量，但不反映本期业绩的增长，是上期收入的实现；

（3）业绩推动型：本期销售收入提高，现销比例大幅提高；这种情况反映本期销售质量的提升；

现金流成长指标<1；

现金流萎缩，前景堪忧，应深入分析原因

原因1：亏损，长期亏损可以使企业现金流量不断减少；

原因2：应收账款增加，造成企业有利润没有钱，应收账款不断增加，前期收款不力，会使得现金流量日益减少，甚至形成"黑字破产"。

根据上述理论，计算T公司指标如下：

任务实施

表2-31　T公司202×年现金流量充足性分析表

计算项目	充足性			稳定性	成长性
	所有支出满足情况	投资支出满足情况	到期债务满足情况	经营现金流入比	与上去年比
数值	0.047	0.446	0.17	0.62	1.37

续表

		充足性		稳定性	成长性
分析	经营活动现金净流量只能满足所有支出的4.7%；	经营活动现金净流量只能满足投资支出的44.6%；内涵扩大再生产水平较低；	到期债务的的17%可以由经营过程现金流量满足；到期债务自我清偿能力较低；	经营活动现金流入量占总现金现金流入比是62%，现金流量稳定性差	经营过程现金流入，主要来自收到其他与经营活动有关的现金；现金流量成长性需要进一步分析；

　　T公司经营过程创造的现金流量充足性差，稳定性不高；成长性指标也不高，由于该企业经营过程现金流入主要来自收到的其他与经营活动有关的现金，需要进一步分析现金流入的来路；

　　经营现金净流量/收入 = 541224/10457900 = 0.07，经营现金净流量/利润总额 = 541224/386870 = 1.91，前一个指标大大低于后一个，说明存在提前确认收入的情况；

　　主营业务收现率指标是1.08（11260600/ 10457900），说明本期回收了以前的应收账款。不存在大量应收账款；

 练习题

　　模仿上述分析方法，分析最近一个会计期间TCL集团或格力电器的现金流量充足性，稳定性，成长性；

任务十二 分析净资产收益率

学习目标

知识目标：理解净资产收益率的计算方法，杜邦分析的思路；

能力目标：会应用杜邦分析法解决实际问题；

 知识准备

一、净资产收益率的计算和推导过程：

1. 净资产收益率

净资产收益率也称权益净利率、自有资金利润就率，是一个综合性极强的财务比率，是杜邦财务分析系统的核心。其他各项指标都是围绕这一核心，通过 研究彼此之间的依存制约关系，从而揭示企业的获得能力及其前因后果。

净资产收益率反映了企业所有者投入资本的盈利能力，说明了企业筹资、投资、资产营运等各项财务及其管理活动国的效率，而不断提高净资产收益率是合所有者权益最大化的基本保证。所以，这一财务分析指标是企业所有者、经营者得了十分关心的。

2. 计算和推导过程

$$净资产收益率 = \frac{净利润}{净资产}$$

$$= \frac{净利润}{总资产} \times \frac{总资产}{净资产}$$

$$= \frac{净利润}{营业收入} \times \frac{营业收入}{总资产} \times \frac{总资产}{净资产}$$

$$= 营业净利率 \times 总资产周转率 \times 权益乘数$$

式中的权益乘数是权益比率的倒数，

$$即权益乘数 = \frac{总资产}{净资产} = \frac{1}{\frac{净资产}{总资产}} = \frac{1}{\frac{总资产-总负债}{总资产}} = \frac{1}{1-资产负债率}$$

从上述公式可以得知，决定净资产收益率的因素有三个方面：营业净利率、总资产周转率和权益乘数。而这三个因素分别代表了盈利能力、营运能力、偿债能力及资本结构。这样分解后，可以把净资产收益率这样一项综合性指标发生的原因具体化，从而比只用单独一项指标更能够说明问题。

二、杜邦财务分析指标体系图

杜邦财务分析指标体系图，也简称为"杜邦图"，它是根据净资产收益率这一核心指标与各项分解指标之间的内在联系，以及所涉及的各项会计要素，按照一定的规律有序排列指标体系图。这个体系图可以使杜邦分析法更直观、更清晰、更便于理解。

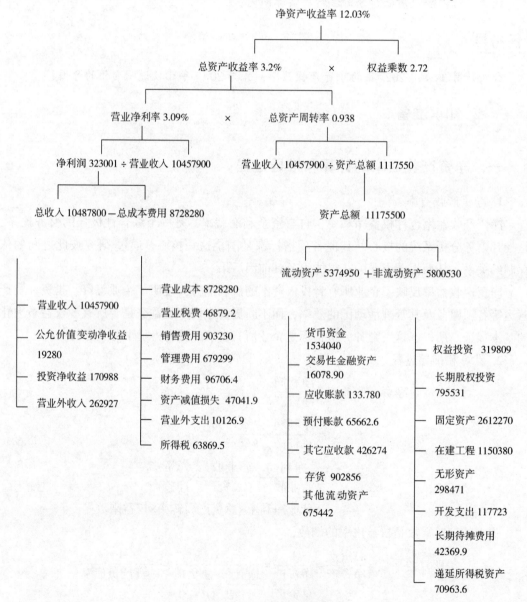

图2-3　T公司杜邦分析图

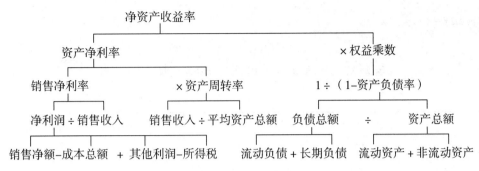

图 2-4　杜邦分析图

　　该图表明企业的指标经过层层分解，在最下层还可以再具体分解下去，分解成报表的具体项目。例如，成本总额不可以分解为营业成本、期间费用、税费、其他支出等；流动资产可以分解为货币资金、有价证券、应收及预付款、存货心合肥市其他流动资产；非流资产可以分解为长期股权投资、固定资产以及其他长期资产等具体项目，这样可以找出净资产收益率提高或降低的原因所在，便于查明原因，采取措施。杜邦财务分析图通过几种主要的财务比率之间的相互关系，全面、系统、直观地反映出企业的整体财务状况，从而节省了财务分析人员分析报表的时间。

三、杜邦财务分析的优缺点

　　优点：能全面反映企业盈利能力、营运能力、偿债能力及资本结构；

　　缺点：

　　首先，净资产收益率可能会误导报表的使用者，虽然净资产收益率是杜邦分析法的核心比率，但是以净资产收益率作为考核指标，不利于企业的横向比较。因为在总资产收益率一定的情况下，负债比率越高的企业净资产收益率会越高，而在实际中，某些企业由于负债畸高，即使在微利的情况下，企业的净资产收益率也很高，报表的使用者可能会得出相反的结论。

　　其次，净资产收益率计算的基础是净利润，利润采用权责发生制原则计算，容易被操纵；如果利润不真实，这种分析也就变得意义不大；

任务实施

表 2-32 T 公司 202×年 12 月 31 日净资产收益率分析表

单位：万元

项目	202×年	20×9 年	差异额	差异率
净资产收益率	10.02%	18.08%	-8.06%	-44.58%
营业净利率	3.09%	4.19%	-1.10%	-26.28%
总资产周转率	102.21%	118.19%	-15.98%	-13.52%
权益乘数	297%	346%	-49%	-14.16%
营业收入	10,457,900.00	10,102,900.00	355,000.00	3.51%
净利润	323,001.00	423,273.00	-100,272.00	-23.69%
平均总资产	10,231,595.00	8,547,875.00	1,683,720.00	19.70%
所有者权益	3,224,495.00	2,610,152.00	614,343.00	23.54%

从上述计算可知，202×年的净资产收益率，营业净利率，总资产周转率指标比 20×9 年都有所降低，权益乘数指标也下降了 14.16%；

净资产收益率降低的原因是，净利润 202×年比 20×9 年下降了 23.69%，净资产上升了 23.54%；营业净利率下降的原因是营业收入上上了 3.51%，而净利润下降了 23.69%；总资产周转率下降的原因是，营业收入上升了 3.51%，平均总资产上升了 19.7%，总资产的上升幅度高于营业收入 16.19 个百分点；

任务训练

模仿上述分析思路，分析 TCL 集团连续两年的净资产收益率；

任务十三　费用分析

学习目标

知识目标：理解因素分析法

能力目标：会应用因素分析法解决问题

任务导入

曙光股份有限公司202×年实现了利润目标。以下资料，是企业A材料消耗情况，现在正在开奖惩讨论会；请提出你的奖惩意见；

有关资料如下：

表2-33　曙光公司材料费用表

项目	计划	实际
产品产量/件	2000	2200
单位产品材料消耗量/（kg/件）	20	18
材料单价/（元/kg）	50	55
材料费用总额/元	2000000	2178000

　知识准备

根据要求，解决问题的关键是要将各个因素变动对材料费用的影响量化，再将这些变动分清责任部门，然后决定奖惩；

各个因素变动量化的方法可以用因素分析法；

一、什么是因素分析法？

因素分析法，是依据分析指标与其影响因素的关系，按照一定的程序和方法，从数量上确定各因素对分析指标影响方向和影响程度的一种方法。因素分析法是经济活动分析最重要的方法之一，也是财务报表分析的方法之一。因素分析法又叫连环替代法；

该方法是将分析指标分解为各个可以计量的因素，并根据各个因素之间的依存关系，顺次用各因素的比较值（通常即实际值）替代基准值（通常为标准值或计划值），据以测定各因发素对分析指标的影响。

二、因素分析法的步骤

（1）确定分析对象，运用比较分析法，将分析对象的指标与选择的基准进行比较，求出差异数。

（2）确定分析对象的影响因素。确定分析对象指标与其影响因素之间的数量关系，建立函数关系式。

（3）按照一定顺序依次替换各个因素变量，并计算出替代结果。

（4）比较各因素替代结果，确定各个因素对分析对象的影响程度。

（5）检验分析结果。检验分析结果是将各因素对分析指标的影响额相加，其代数和应等于分析对象。如果二者相等，说明分析结果可能是正确的；如果二者不相等，则说明分析结果一定是错误的。

连环替代法的程序或步骤是紧密相连、缺一不可的，尤其是前四个步骤，任何一个步骤出现错误，都会出现错误结果。

假定某财务指标 N 由 A、B、C 三个因素的乘积构成，其基准指标与实际指标关于三个因素的关系为：

基准指标：$N_0 = A_0 \times B_0 \times C_0$

实际指标：$N_1 = A_1 \times B_1 \times C_1$

首先确定分析对象为：实际指标−基准指标 = $N_1 - N_0$

其次将基准指标中的所有影响因素依次用实际指标进行替换，计算过程如下：

基准指标：$N_0 = A_0 \times B_0 \times C_0$ ……………………①

第一次替换：$N_2 = A_1 \times B_0 \times C_0$ ……………………②

②−① = $N_2 - N_0$，即为 A_0 变为 A_1 对财务指标 N 的影响值。

第二次替换：$N_3 = A_1 \times B_1 \times C_0$ ……………………③

③−② = $N_3 - N_2$，即为 B_0 变为 B_1 对财务指标 N 的影响值。

第三次替换：$N_1 = A_1 \times B_1 \times C_1$ ……………………④

④−③ = $N_1 - N_3$，即为 C_0 变为 C_1 对财务指标 N 的影响值。

将以上各个因素变动的影响加以综合，其结果等于实际指标与基准指标的差异数，即：

$(N_2 - N_0) + (N_3 - N_2) + (N_1 - N_3) = N_1 - N_0$

三、注意事项

第一，因素分解的关联性。确定各经济指标因素必须是客观上存在着因果关系，经济指标体系的组成因素，要能够反映形成该项指标差异的内在构成原因，只有将相关因素与分析对象建立关系时才有意义，否则就失去了其存在的价值，不仅分析无法进行，即使有分析结果，也不能对生产经营活动起到指导作用。也就是说，经济意义上的因素分解与数学意义上的因素分解不同，不是在数学算式上相等就行，而是要看经济意义。例如，将影响材料费用的因素分解为下面两个等式从数学上都是成立的。

$$材料费用＝产品产量×单位产品材料费用$$

$$材料费用＝工人人数×每人消耗材料费用$$

但从经济意义上说，只有前一个因素分解式是正确的，后一因素分解式在经济上没有任何意义。因为工人人数和每人消耗材料费用到底是增加有利还是减少有利，无法从这个式子中说清楚。

第二，因素替代的顺序性。如前所述，因素分解不仅要因素确定准确，而且因素排列顺序也不能交换，这里特别要强调的是不存在乘法交换律问题。那么，如何确定正确的替代顺序呢？这是一个理论上和实践中都没有很好解决的问题。传统的方法是先数量指标，后质量指标；先实物量指标，后价值量指标；先主要因素，后次要因素；先分子，后分母。但需要说明的是，无论采用哪种排列方法，都缺乏坚实的理论基础。一般地说，替代顺序在前的因素对经济指标影响的程度不受其他因素影响或影响较小，排列在后的因素中含有其他因素共同作用的成分。从这个角度看，为分清责任，将对分析指标影响较大的并能明确责任的因素放在前面可能要好一些。

第三，顺序替代的连环性。在运用连环替代法进行因素分析的替代来计算每一个因素变动的影响时，都是在前一次计算的基础上进行的，并且是采用连环比较的方法确定因素变化的影响结果。因为只有保持在计算程序上的连环性，才能使各个因素影响之和等于分析指标变动的差异，也就是每次替代所形成的新的结果，要与前次替代的结果比较（即环比）而不能都与基期指标相比（即定基比），否则不仅各个因素影响程度之和不等于总差异，而且计算出的各个因素影响也与现实相距甚远，这是因为每次替代的结果同时掺杂了其它因素的影响。

第四，计算结果的假定性。由于因素分析法计算的各个因素变动的影响数，会因替代计算顺序的不同而有差别，因而计算结果不免带有假定性，即它不可能使每个因素计算的结果都达到绝对的准确，而且现实中各个因素是同时发生影响，而不是先后发生影响的，我们确定的顺序只是假定某个因素先变化，某个因素后变化。它只是在某种假定前提下的影响结果，离开了这种假定前提条件，也就不会是这种影响结果。为此，分析时应力求使这种假定是合乎逻辑的假定，是具有实际经济意义的假定。这样，计算结果的假定性，才不至于妨碍分析的有效性。

任务实施

曙光公司202×年度的原材料消耗情况见表2-34。

表2-34　甲产品原材料费用表

项目	产品产量（件）	单位产品消耗量（千克）	材料单价（元）	材料费用总额（元）
计划数	2000	20	50	2000000
实际数	2200	18	55	2178000
差异数	+200	-2	+5	+178000

（1）确定分析对象：实际数-计划数=2178000-2000000=+178000（元）

（2）建立分析对象与影响因素之间的函数关系式：

材料费用总额=产品产量×单位产品消耗量×材料单价

（3）计算各个因素对分析对象的影响程度

计划数：2000×20×50=2000000（元）……………………①

替换一：2200×20×50=2200000（元）……………………②

替换二：2200×18×50=1980000（元）……………………③

替换三：2200×18×55=2178000（元）……………………④

②-①=2200000-2000000=+200000（元）…………产品产量增加的影响

③-②=1980000-2200000=-220000（元）…单位产品消耗量下降的影响

④-③=2178000-1980000=+198000（元）………材料单价上升的影响

三个因素共同的影响值=+200000-220000+198000=+178000（元）

上述分析表明，原材料费用的变动受三个因素的影响，其中产品产量增加使原材料费用增加2000000元，单位产品消耗量下降使原材料费用下降220000元，材料单价上升使原材料费用增加198000元。这里，产品产量增加导致原材料费用增加属正常情况；单位产品消耗量下降使原材料费用下降是利好消息，说明企业要么进行了技术革新，要么在节支方面颇有成效；材料单价上升是不利因素，但企业应进一步加以分析，找出影响原材料单价上升的主客观因素，以便更好地控制原材料费用的增加。

思考题

1. 用上述思路，解决奖惩问题；

2. 如果奖励生产部门，惩罚供应部门，你认为合理吗？

3. 找出几条理由，为供应部门说说话；

4. 找出几条理由，为生产部门说说话；

5. 说说你对博弈的理解；

6. 说说你对"主要"的理解；

7. 说说你对"连环"的理解；

练习题

一、判断题

1. 差额计算法只是连环替代法的一种简化形式，二者实质上是相同的。　　（　　）

2. 运用差额计算法进行因素分析不需要考虑因素的替代顺序问题。　　（　　）

3. 在采用因素分析法时，既可以按照各因素的依存关系排列成一定的顺序并依次替代，也可以任意颠倒顺序，其结果是相同的；　　（　　）

4. 因素分析法每个因素计算的结果都是绝对的准确的；

二、计算题

光明公司202×年丙产品有关销售收入的资料见下表：

表 2-35　光明公司 202×年丙产品销售收入表

项目	计划数	实际数	差异数
产品销售收入（万元）	1000	1056	+56
销售数量（台）	200	220	+20
销售单价（万元/台）	5	4.8	－0.2

要求：采用因素分析法计算各因素变动对产品销售收入计划完成情况的影响程度。

任务十四　比较分析法

学习目标

知识目标：理解比较分析的内容

能力目标：会用比较分析法

任务导入

你现在是甲电器公司的财务总监，现在你分析公司 2017 年与 2016 年相比取得的成绩，存在的不足，与同行业先进水平的差距，请你撰写分析报告的要点；

 知识准备

一、解决思路

1. 重点分析利润

2. 用比较分析法

二、比较分析法相关知识：

（一）什么是比较分析法？比较分析法是指通过主要项目或指标数值的比较，确定出差异，分析和判断企业经营状况的一种方法。

（二）与谁比？

1. 与企业自己的过去比，称为纵向对比，这种比较可以发现进步；可以用绝对数指标也可以用相对数指标；

2. 与同行业先进水平，国际先进水平比，称为横向对比，可以发现差距；只能用相对数指标，不同企业绝对数不可比；

只是纵向比，容易骄傲自大，固步自封；只是横向比，容易悲观气馁；要客观评价企业，必须横向和纵向对比同时进行；

（三）比什么？

1. 绝对数对比：不同会计期间的绝对数的差额；只是适合纵向对比；

2. 相对数对比

2.1　比率分析指标：性质不同但又相关的指标的比率指标相除，算出数据，从而揭示企业财务状况本质特征的一种方法。比率分析法是财务分析的最基本、最重要的方法。它可以揭示出财务现象之间的规律性，同时它以相对数表示，可以揭示能力和水平，因而成为财务评价的重要依据。

2.1.1　效率比率：反映资产运用效率的指标，如固定资产周转率，总资产周转率，存货周转率等，大多数营运能力指标就属于此类；

2.1.2　效益指标：反映投入和产出对比情况的指标，如收入利润率，成本费用利润率，净资产报酬率等，反映盈利能力的指标大都属于此类；

2.1.3　结构比率，是某项经济指标的各个组成部分与总体的比率，反映部分与总体的关系。其计算公式如下：

$$构成比例 = \frac{某个组成部分分数值}{总体数值}$$

利用构成比率，可以考虑总体中某个部分的形成和安排是否合理，以便协调各项财务活动。以前学过的结构分析就属于此类；

2.1.4　相关比率，是以某个项目和与其有关但又不同的项目加以对比所得的比率，反映有关经济活动的相互关系。如流动比率，速动比率，现金比率，资产负债率等；长短期偿债能力指标就属于此类；

2.2　比较相对数分析指标：是不同单位的同类现象数量对比而确定的相对指标，说明某一现象在同一时间内各个单位发展的不平衡程度；如A企业2016年销售收入收现率98%，而B企业只有40%，A企业的销售收入收现率是B企业的2.45倍；

2.3　动态相对数：同类事物的水平报告期与基期对比发展变化的程度；

比较注意事项：

1. 构建比率的各个项目指标之间要有内在联系，否则相对数分析就没有意义；

2. 两个指标一个来自时点报表，一个来自时期报表，时点报表的数据要取平均数；

3. 同一企业纵向比较时点时期要一致；不同企业纵向比较时还应考虑是否是同类企业、会计政策有没有差异等。

任务实施：

一、绝对数分析：

表 2-36　T 公司 20×9 年比较利润表 2

单位：万元

报表日期	202×/12/31	20×9/12/31	增减额	增减率
一、营业总收入	10，487，800.00	10，129，700.00	358，100.00	3.54%
营业收入	10，457，900.00	10，102，900.00	355，000.00	3.51%
利息收入	29，814.90	26，794.50	3，020.40	11.27%
二、营业总成本	10，506，100.00	10，004，200.00	501，900.00	5.02%
营业成本	8，728，280.00	8，328，110.00	400，170.00	4.81%
利息支出	4，697.20	4，737.50	-40.30	-0.85%
税金及附加	46，879.20	51，846.40	-4，967.20	-9.58%
销售费用	903，230.00	881，489.00	21，741.00	2.47%
管理费用	679，299.00	608，890.00	70，409.00	11.56%
财务费用	96，706.40	95，060.60	1，645.80	1.73%
资产减值损失	47，041.90	34，068.40	12，973.50	38.08%
公允价值变动收益	-19，280.20	8，589.60	-27，869.80	-324.46%
投资收益	170，988.00	77，349.50	93，638.50	121.06%
其中：对联营企业和合营企业的投资收益	63，697.70	4，833.90	58，863.80	1217.73%
三、营业利润	134，070.00	211，325.00	-77，255.00	-36.56%
营业外收入	262，927.00	299，486.00	-36，559.00	-12.21%
营业外支出	10，126.90	4，908.40	5，218.50	106.32%
非流动资产处置损失	3，331.80	1，676.70	1，655.10	98.71%
利润总额	386，870.00	505，902.00	-119，032.00	-23.53%
所得税费用	63，869.50	82，629.40	-18，759.90	-22.70%
四、净利润	323，001.00	423，273.00	-100，272.00	-23.69%

1. 净利润或税后利润分析。

净利润是指企业所有者最终取得的财务成果，或可供企业所有者分配或使用的财务成果。本例中 T 公司 202×年度实现净利润 323，001 万元，比上年减少了 100，272 万元，公司净利润减少主要是由利润总额比上年减少 119，032 万元引起的；由于所得税费用比上年减少 18，759.90 万元，二者综合，导致净利润减少了 100，272 万元。

2. 利润总额分析

利润总额是反映企业全部财务成果的指标，它不仅反映企业的营业利润，而且还反映企业的营业外收支情况。本例中公司利润总额比上年减少 119，032 万元，关键原因营业利润减少了 77，255. 万元，其次是营业外收入减少了 36，559 万元，是营业外支出比上年增长了 5，218.50 万元；

必须指出的是，尽管营业外收入和营业外支出是非常项目，任何时候的数额过高都是不正常现象。

3. 营业利润分析

营业利润既包括企业的主营业务利润和其他业务利润，又包括企业公允价值变动净收益和对外投资的净收益，它反映了企业自身生产经营业务的财务成果。本例中公司营业利润减少主要是由于成本费用过高所致。营业收入比上年增长 358，100 万元；税金及附加下降，增利 4，967.20 万元；公允价值变动，减少利润-27，869.80 万元。其他成本费用均有不同程度的增加，抵消了营业收入的增长。营业成本、销售费用、管理费用增加了 492，320 万元；资产减值损失增加，减利 12，973.50 元，增减相抵，营业利润减少 77，255 万元。

值得注意的是，管理费用的增加幅度超过营业收入的增加幅度，是不正常的现象，资产减值损失的大幅度上升，也应该引起重视，要分析是过度计提还是资产真正减值。

二、相对数分析：

1. 增减变动相对数分析

由上表数据可以看出，T 公司 202×年与 20×9 年相比，增长幅度最大的是对联营企业和合营企业的投资收益，高达 1217.73%，其次是营业外支出和处置非流动资产损失，分别高达 106.32%，98.71%；

投资收益对 202×年的利润总额做出了巨大贡献，如果扣除该项的影响，202×年将亏损 36，918 万元；202×年利润获得主要依赖对联营企业的投资收益，利润取得的可持续性让人怀疑；

管理费用增长幅度是销售收入增长幅度的 3.29 倍；说明管理费用支出的效益低下；

2. 相关比率分析

表 2-37　T 公司比较利润表 2

单位：元

报表日期	202×年	20×9 年	变动幅度（百分点）
营业收入	100.00%	100.00%	0.00
营业成本	83.46%	82.43%	1.03
税金及附加	0.45%	0.51%	−0.06
销售费用	8.64%	8.73%	−0.09
管理费用	6.50%	6.03%	0.47
财务费用	0.92%	0.94%	−0.02
资产减值损失	0.45%	0.34%	0.11
公允价值变动收益	−0.18%	0.09%	−0.27
投资收益	1.64%	0.77%	0.87
其中：对联营企业和合营企业的投资收益	0.61%	0.05%	0.56
三、营业利润	1.28%	2.09%	−0.81
营业外收入	2.51%	2.96%	−0.45
营业外支出	0.10%	0.05%	0.05
非流动资产处置损失	0.03%	0.02%	0.02
利润总额	3.70%	5.01%	−1.31
所得税费用	0.61%	0.82%	−0.21
四、净利润	3.09%	4.19%	−1.10

营业成本占营业收入的比重为较高，202×年比上年的上升了 1.03 个百分点；对利润的影响最大；二年销售费用，管理费用在收入中的比重都高于营业利润在收入中的比重，说明成本费用较高；投资收益和营业外收入在收入中的比重也超过了营业利润，说明投资收益和营业外收入对营业利润的形成起了极大作用。提示利润质量不容乐观；连续两年都是这样。

3. 与同行业先进水平的相对数分析

表 2-38　T 公司比较利润表 3

单位：元

项目	T 企业	行业先进水平	差异
营业收入	100.00%	100.00%	0.00%
营业成本	82.43%	63.90%	18.53%
税金及附加	0.51%	0.99%	−0.48%
销售费用	8.73%	20.97%	−12.25%
管理费用	6.03%	3.50%	2.53%
财务费用	0.94%	−0.68%	1.62%
资产减值损失	0.34%	0.29%	0.05%
公允价值变动收益	0.09%	−1.00%	1.09%
投资收益	0.77%	0.53%	0.24%
其中：对联营企业和合营企业的投资收益	0.05%	0.00%	0.05%
三、营业利润	2.09%	11.68%	−9.59%
营业外收入	2.96%	0.51%	2.45%
营业外支出	0.05%	0.03%	0.02%
非流动资产处置损失	0.02%	0.01%	0.01%
利润总额	5.01%	12.16%	−7.15%
所得税费用	0.82%	1.81%	−1.00%
四、净利润	4.19%	10.35%	−6.16%

从上表可以看出，T 公司 202×年与同行业先进水平相比，有如下差距：

首先，营业成本占收入的比重太高，需要加强成本控制力度；其次，是管理费用，最后，T 公司不应过度依赖投资收益和营业外收入，应该提高营业利润中主营业务利润的比重，突出主业，增加利润取得的可持续性；

 练习题

模仿上述分析思路分析 TCL 最近的利润表

任务十五　趋势分析法

学习目标

知识目标：理解趋势分析法的作用原理

能力目标：会使用趋势分析法

任务导入

你现在是 D 公司的财务总监，请分析甲电器公司收入和利润变化趋势；撰写分析报告的要点；

知识准备

一、什么是趋势分析法？

趋势分析法是将连续数期会计报表中相同指标进行对比，确定其增减变动的方向、数额和幅度，以说明企业财务状况和经营成果的变动趋势的一种方法。

二、发展速度和增长速度

1. 发展速度

1.1　定基发展速度：定基发展速度 = 报告期水平/基期水平

1.2　环比发展速度：环比发展速度 = 报告期水平/报告期前期水平

2. 增长速度

1.1　定基增长速度：定基增长速度 = 定基发展速度 − 1

1.2　环比增长速度：环比增长速度 = 环比发展速度 − 1

3. 增长速度和发展速度分析注意事项：

以销售收入增长为例说明如下：

3.1　该指标若大于 0，表明企业本年的销售（营业）收入有所增长，指标值越高，表明增长速度越快，企业市场前景越好；若该指标小于 0，则表明企业或是产品不适销对路、质次价高，或是在售后服务方面存在问题，产品销售不出去，市场份额萎缩。

3.2　要判断企业在销售方面是否具有良好的成长性，必须分析销售增长是否具有效益性。如果销售（营业）收入的增长主要依赖于资产的相应增长，也就是销售增长率低于资产增长率，说明这种销售增长不具有效益性，同时也反映企业在销售方面可持续发展能力不强。正常情况下，一个企业的销售（营业）增长率应高于其资产增长率，只有在这种情况下，才能说明企业在销售方面具有良好的成长性。

3.3　要全面、正确地分析和判断一个企业营业收入的增长趋势和增长水平，必须将企业不同时期的销售增长率加以比较和分析。因为销售增长率仅仅就某个时期的销售情况而言，某个时期的销售增长率可能会受到一些偶然的和非正常的因素影响，而无法反映出企业实际的销售发展能力。

3.4　销售增长率作为相对数指标，也存在受增长基数影响的问题，如果增长基数即上年销售（营业）收入额特别小，即使销售（营业）收入出现较小幅度的增长，也会出现较大数值的增长，不利于企业之间进行比较。比如某企业上年度营业收入为 10 万元，本年度营业收入为 100 万元，那么该企业的销售（营业）增长率为 900%，这种情况实际上并不能说明该企业具有很高的发展能力。因而在分析过程中还需要使用销售（营业）收入增长额及 3 年销售（营业）收入平均增长率等指标进行综合判断。

三、趋势分析的目的

1. 变动趋势的性质是否有利；
2. 预测将来的发展趋势。

任务实施

表 2-39　D 公司 2016—2020 年有关数据

单位：万元

项目	2016 年	2017 年	2018 年	2019 年	2020 年
营业收入	31000	42210	46240	47850	50083
营业成本	25420.78	32140.38	35851.44	40371	41435
营业税费	150	158	186.44	203.9	258.83
营业利润	7127.14	7244	7830	8584.26	7554.87

从上表可以看出，公司 2016 年开始，收入，成本，税费，利润都呈现逐年上升的趋势；进一步分析如下：

表 2-40 D 公司 2016—2020 年定基发展速度

单位:%

项目	2016 年	2017 年	2018 年	2019 年	2020 年
营业收入	100	1.36	1.49	1.54	1.62
营业成本	100	1.26	1.41	1.59	1.63
营业税费	100	1.05	1.24	1.36	1.73
营业利润	100	1.02	1.10	1.20	1.06

定基增长速度对比分析:

从表 2-40 可以看出,与 2016 年相比,2017—2020 年甲电器公司的营业收入增长率分别是 36%,49%,54%,62%,营业利润定基增加幅度分别是 2%,10%,20%,6%,各年均低于收入的增长幅度,究其原因,各年营业成本的增幅分别是 26%,41%,59%,63%均高于营业收入;营业成本和税费除了 2017 年的增长幅度低于收入的增幅外,其他年份的增幅都高于营业收入的增幅。

收入的高速增长被营业成本的和营业税费的增长吞没了;

进一步分析环比增长速度;

表 2-41 D 公司 2016—2020 年环比发展速度

单位:%

项目	2016 年	2017 年	2018 年	2019 年	2020 年
营业收入	100	1.36	1.10	1.03	1.05
营业成本	100	1.26	1.12	1.13	1.03
营业税费	100	1.05	1.18	1.09	1.27
营业利润	100	1.02	1.08	1.10	0.88

从表 2-41 可以看出,营业收入环比增长率分别是 36%,10%,3%,逐年增长,但增长速度在放慢;营业成本的增长速度分别是 26%,12%,13%,3%,5%,增速变缓,但放慢的速度低于收入的减少速度;营业税费增长率分别是 5%,18%,9%,27%;2020 年出现了较高的增幅;营业利润增长率分别是 2%,8%,10%,-12%;2020 年出现下降;

由此可见,D 公司降低成本的任务艰巨。

练习题

一、单项选择

1. 下列指标，不属于企业发展能力分析指标的是：

A. 总资产报酬率　　　B. 销售增长率　　　C. 资本积累率　　　D. 总资产增长率

2. 下列各个项目中，不属于企业资产规模增加的原因是：

A. 对外举债　　　　　B. 盈利增加　　　　C. 发放股利　　　　D. 发行股票

3. 在产品生产周期的成熟期，产品营业收入增长的变化趋势是：

A. 增长幅度大　　　B. 增长幅度小　　　C. 不再增长　　　D. 增长率稳定

二、分析 TCL 集团和格力电器营业收入成本的变化趋势。

任务十六　发展水平分析

学习目标

知识目标：理解增长率的含义

能力目标：会计算平均增长率

任务导入

你现在是甲电器公司的财务总监，分析一下本公司这几年的发展水平，请你撰写分析报告的要点；

知识准备

一、平均增长率的含义和计算：

平均增长速度是反映某种现象在一个较长时期中逐期递增的平均速度；平均发展速度是反映现象逐期发展的平均速度。

$$平均增长速度 = 平均发展速度 - 1$$

$$平均发展速度 = \sqrt[n]{\frac{a_n}{a_0}} \times 100\%$$

用最后一年的数值除以要比较的那一年的数，然后开 n 次方后减一就可以了。这个 n 就等于最后那个年份减去要比较的的那个年份．

二、常用的平均增长率：

1. 销售（营业）平均增长率 $= \left(\sqrt[n]{\frac{a_n}{a_0}} - 1 \right) \times 100\%$

a_n 表示第 n 年的销售收入

a_0 表示基年的销售收入

销售（营业）增长率可能受到销售（营业）短期波动对指标产生的影响，如果上年因特殊原因而使销售（营业）收入特别小，而本年则恢复到正常，这就会造成销售（营业）增长率因异常因素而偏高；反之亦然。为消除这种影响，实务中一般计算三年销售（营业）平均增长率

$$三年销售（营业）平均增长率=（\sqrt[3]{\frac{年末营业收入}{三年前年末营业收入}}-1）×100\%$$

利用该指标能够反映企业的销售（营业）增长趋势和稳定程度，较好地体现企业的发展状况和发展能力，避免因少数年份销售（营业）收入不正常增长而对企业发展潜力的错误判断。

2. $资本平均增长率=（\sqrt[n]{\frac{a_n}{a_0}}-1）×100\%$

a_n 表示第 n 年的所有者权益总额

a_0 表示基年的所有者权益总额

$$三年资本平均增长率=（\sqrt[3]{\frac{年末所有者权益总额}{三年前所有者权益总额}}-1）××100\%$$

由于资本积累率指标在分析时具有"滞后"性，仅反映当期情况，而利用三年资本平均增长率指标，能够反映企业资本保全增值的历史发展状况，以及企业稳步发展的趋势。该指标高，表明企业所有者权益得到的保障程度越大，企业可以长期使用的资金越充裕，抗风险和保持持续发展的能力越强。

任务实施

D 公司 2016—2020 年

$$收入平均增长率=（\sqrt[4]{\frac{50083}{31000}}-1）×100\%$$

$$=12.74\%$$

$$营业成本平均增长率=（\sqrt[4]{\frac{41435}{25420.78}}-1）×100\%$$

$$=29.91\%$$

$$营业税费平均增长率=（\sqrt[4]{\frac{258.83}{150}}-1）×100\%$$

$$=14.61\%$$

$$营业利润平均增长率=（\sqrt[4]{\frac{7554.87}{7127.14}}-1）×100\%$$

$=1.47\%$

从上述数据可以看出，D公司4年收入的平均增长率为12.74%，营业成本平均增长率29.91%，营业税费平均增长率14.61%；由于营业成本和营业税费平均增长率高于收入平均增长率，导致营业利润平均增长率只有1.47%。

与2020年行业平均水平对比如下：

表2-42　2020年D公司平均增长速度与行业水平对比表

对比项目	收入	营业成本	营业税费	营业利润
行业平均水平	10.5%	8.9%	13.4%	5.8%
D公司指标	12.74%	29.91%	14.61%	1.47%
差异	2.24%	21.01%	1.21%	-4.47%

从表2-42可以看出，D公司与行业差距最大的是营业成本平均增长率，由于营业成本增长过快，使得营业利润平均增长率低于行业平均水平；

练习题

一、判断题

1. 从长远的角度看，上市公司的增长能力是决定公司股票价格上升的根本因素。
（　　）

2. 企业能否持续增长对投资者、经营者至关重要，但对债权人而言相对不重要，因为他们更关心企业的变现能力。（　　）

3. 和盈利能力不一样，增长能力的大小不是一个相对概念。（　　）

4. 企业资产增长率越高，则说明企业的资产规模增长势头一定越好。（　　）

5. 要正确分析和判断一个企业营业收入的增长趋势和增长水平，必须将一个企业不同时期的销售增长率加以比较和分析。（　　）

6. 盈利能力强的企业，其增长能力也强。（　　）

7. 若两个企业的三年资本平均增长率相同，就可以判断这两个企业具有相同的资本增长趋势。（　　）

8. 仅仅分析某一项发展能力指标，我们无法得出企业整体发展能力情况的结论。
（　　）

二、计算并分析格力电器近5年的收入，营业成本，营业税费，营业利润平均增长率。

任务十七 沃尔综合评分法

学习目标

知识目标：理解沃尔综合评分法

能力目标：会用沃尔综合评分法

任务导入

你现在是T公司的财务总监，分析一下本公司在行业的地位，请你撰写分析报告的要点；

知识准备

在进行财务分析时，人们可能会遇到一个主要困难：计算出财务比率之后，无法判断它是偏高还是偏低。与本企业历史水平的比较，也只能看出自身的变化，却难以评价其在市场竞争中的优劣地位。财务状况综合评价的先驱者亚历山大·沃尔通过对选定的多项财务比率进行评分，然后计算综合得分，并据此评价企业综合的财务状况，因此被称为沃尔评分法。

一、沃尔评分法原理

亚历山大·沃尔在20世纪初出版的《信用晴雨表研究》和《财务报表比率分析》中提出了信用能力指数的概念，他把若干个财务比率用线性关系结合起来，以此评价企业的信用水平。他选择了七个财务比率，将流动比率、产权比率、固定资产比率、存货周转率、应收账款周转率、固定资产周转率、自有资金周转率等七项指标用线性关系结合起来，并分别给定各自的比重，然后通过与标准比率进行比较，确定各项指标的得分及总体指标的累计分数，从而对企业的信用水平作出评价。

沃尔评分法为综合评价企业的财务状况提供了一个重要的思路：既将分散的财务指标通过一个加权体系综合起来，使得一个多维度的评价体系变成一个综合得分，这样就可以用综合得分对企业作出综合评价。这一方法的优点在于简单易用，便于操作，容易理解；

但是它在理论上存在一定的缺陷：它未能说明为什么选择这七个比率，而不是更多或更少，或者选择其它财务比率，它未能证明各个财务比率所占权重的合理性，也未能说明比率的标准值是如何确定的。

二、沃尔评分法的分析步骤

尽管沃尔评分法存在着上述缺陷，但它在实践中仍被广泛应用并不断得到改进和发展。在不同的经济发展环境，人们应用沃尔评分法时所选择的财务比率不断地变化，各个比率的权重不断地修正，各个比率的标准值不断地调整，评分方法不断地改进，但是沃尔评分法的基本思路始终没有改变，其应用的步骤也没有发生大的变化。沃尔评分法的基本步骤如下。

第一步：选择评价指标并分配指标权重。如表 2-43 所示。

表 2-43　评价指标及权重表

财务比率指标	34
一、盈利能力指标	34
1. 净资产收益率	20
2. 总资产报酬率	14
二、偿债能力指标	22
1. 速动比率	10
2. 权益比率	12
三、营运能力指标	22
1. 总资产周转率	10
2. 流动资产周转率	12
四、发展能力指标	22
1. 销售增长率	12
2. 资本积累率	10
综合得分	100

第二步：确定各项指标的标准值

财务比率的标准值是判断财务比率高低的比较标准，只有有了标准，我们才能判断企业的某个财务比率是偏高还是偏低。财务指标的标准值一般可以行业平均数、企业历史先进数、国家有关标准或者国际公认数为基准数来加以确定。其中最常见的是选择同行业的平均水平作为财务比率的标准值。

第三步：计算各个财务比率的得分并计算综合得分

通过各个比率的实际值与标准值的比较，得出对各个财务比率状况好坏的判断，再结合各个比率的权重即所分配的分数，计算各个财务比率的得分，计算得分的方法有多种，其中最常见的是用比率的实际值除以标准值得到一个相对值，再用这个相对值乘以比率的权重得到该比率的得分。然后，根据各个单项指标的得分，将各个财务比率的实际得分加总，即得到企业的综合得分。

$$各项评价指标的得分=各项指标的权重\times\left(\frac{指标的实际值}{标准值}\right)$$

$$综合得分=\sum 各项评价指标的得分$$

第四步　形成评价结果

计算各项比率的目的就是为了对企业的财务状况进行综合的评价，在最终评价时，如果企业的综合得分如果接近 100 分，说明企业的综合财务状况接近于行业的平均水平；如果企业的综合得分明显超过 100 分，则说明企业的综合财务状况优于行业的平均水平。相反，如果企业的综合得分大大低于 100 分，则说明企业的综合财务状况较差，应当积极采取措施加以改进。

任务实施

我们以 T 企业 2020 年的财务情况来评价来说明沃尔评分法的具体应用，见表 2-44

表 2-44　T 公司财务状况综合评价

选择的评价指标	分配的权重①	指标的标准值②	指标的实际值③	实际得分 ④=①×③/②
一、盈利能力指标	34			32.55
1. 净资产收益率	20	9.80%	10.02%	20.45
2. 总资产报酬率	14	5.10%	4.41%	12.11
二、偿债能力指标	22			21.54
1. 速动比率	10	0.83	0.83	10.00
2. 权益比率	12	35%	33.67%	11.54
三、营运能力指标	22			38.15
1. 总资产周转率	10	0.8	1.18	14.75
2. 流动资产周转率	12	1	1.95	23.40
四、发展能力指标	22			64.94
1. 销售增长率	12	17%	10.71%	7.56

续表

选择的评价指标	分配的权重①	指标的标准值②	指标的实际值③	实际得分
				④=①×③/②
2. 资本积累率	10	6.50%	37.30%	57.38
综合得分	100			157.19

从上述的评分标准来看，T 公司得分为 157.19 分，各方面的综合能力高于同行业的平均水平。

上面的综合评分，只是为了说明沃尔分析法运用的基本步骤，可能未必反映这个公司的综合财务状况。这主要是因为对财务比率的选择、各财务比率的权重赋予以及各财务比率标准值的确定都是比较主观的，没有经过细致的考察和验证。

只有经过长期实践并不断修正，该方法才能取得较好的效果。因此，当公司运用沃尔分析法时，往往可以根据公司的实际情况来进行评价。

 **练习题**

一、单项选择题

1. 下列财务绩效评价指标中，属于企业盈利能力状况的基本指标是(　　)

A. 资本保值增值率　　　　　　　　　B. 净资产报酬率

C. 营业利润率　　　　　　　　　　　D. 总资产增长率

2. 企业综合绩效评价指标由财务绩效定量指标和管理绩效定性指标两部分组成，下列指标属于管理绩效定性指标的是(　　)

A. 盈利能力　　　　B. 资产效率　　　　C. 债务风险　　　　D. 社会贡献

二、多项选择题

1. 沃尔评分法的缺点有(　　)

A. 不能对企业信用水平做出评价

B. 不能确定总体指标的比重

C. 所选指标缺乏证明

D. 当某项指标严重异常时，对总评分产生不合逻辑的影响

2. 在财务绩效评价指标中，衡资产运用效率的指标包括下列(　　)

A. 资产负债率　　　B. 应收账款周转率　　　C. 流动资产周转率　　　D. 总资产周转率

三、用沃尔综合评分法分析 TCL 集团最拉的财务指标

项目三　财务预测

任务一　风险预测

知识目标：理解财务风险和企业竞争力分析的内容

能力目标：会分析企业的风险和机会

任务导入：

你现在是 T 公司的财务总监，现在你在给企业中层干部分析企业面对的风险，和应对措施；请你撰写分析报告的要点；

 知识准备

一、风险的含义与类别

风险是指收益的不确定性。虽然风险的存在可能意味着收益的增加，但人们考虑更多的是则是损失发生的可能性。从企业本身的角度划分，风险可分为经营风险和财务风险。经常提到的风险即财务风险和经营风险。

（一）财务风险

财务风险是指由于企业举债而给企业财务成果带来的不确定性，又称筹资风险。财务风险与负债经营并存，主要表现在：

（1）无力偿还债务风险，由于负债经营以定期付息、到期还本为前提，如果公司用负债进行的投资不能按期收回并取得预期收益，公司必将面临无力偿还债务的风险，其结果不仅导致公司资金紧张，也会影响公司信誉程度，甚至还可能因不能支付而遭受灭顶之灾。

（2）利率变动风险。公司在负债期间，由于通货膨胀等的影响，贷款利率发生增长变化，利率的增长必然增加公司的资金成本，从而抵减了预期收益。

（3）再筹资风险。由于负债经营使公司负债比率加大，相应地对债权人的债权保证程度降低，这在很大程度上限制了公司从其他渠道增加负债筹资的能力。

应对措施：

（1）建立财务预警分析指标体系，防范财务风险产生财务危机的根本原因是财务风险处理不当，因此，防范财务风险，建立和完善财务预警系统尤其必要。

（2）建立短期财务预警系统，编制现金流量预算。由于企业理财的对象是现金及其流动，就短期而言，企业能否维持下去，并不完全取决于是否盈利，而取决于是否有足够现金用于各种支出。

（3）确立财务分析指标体系，建立长期财务预警系统。对企业而言，在建立短期财务预警系统的同时，还要建立长期财务预警系统。其中获利能力、偿债 能力、经济效率、发展潜力指标最具有代表性。

（二）经营风险——企业竞争力分析

经营风险又称营业风险，是指在企业的生产经营过程中，供、产、销各个环节不确定性因素的影响所导致企业资金运动的迟滞，产生企业价值的变动。经营风险主要包括采购风险、生产风险、存货变现风险、应收账款变现风险等。采购风险是指由于原材料市场供应商的变动而产生的供应不足的可能，以及由于信用条件与付款方式的变动而导致实际付款期限与平均付款期的偏离；生产风险是指由于信息、能源、技术及人员的变动而导致生产工艺流程的变化，以及由于库存不足所导致的停工待料或销售迟滞的可能；存货变现风险是指由于产品市场变动而导致产品销售受阻的可能；应收账款变现风险是指由于赊销业务过多导致应收账款管理成本增大的可能性，以及由于赊销政策的改变导致实际回收期与预期回收的偏离等。

上述经营风险，取决于企业的竞争力，这种竞争力来自一个行业的基本竞争态势。即供应商和购买者的讨价还价能力，潜在进入者的威胁，替代品的威胁，目前在同一行业的公司间的竞争。一种可行战略的提出首先应该包括确认并评价这五种力量，不同力量的特性和重要性以及因行业和公司的不同而发生的变化。

上述五大竞争驱动力，决定了企业的盈利能力，并指出公司战略的核心，应在于选择正确的行业，以及行业中最具有吸引力的竞争位置。下文对这些力量进行逐一分析；

1. 供应商的讨价还价能力

供应商影响一个行业竞争者的主要方式是提高价格（以此榨取买方的盈利），降低所提供产品或服务的质量，下面一些因素决定它的影响力：

（1）供应商所在行业的集中化程度。

（2）供应商产品的标准化程度。

（3）供应商所提供的产品在企业整体产品成本中的比例。

（4）供应商提供的产品对企业生产流程的重要性。

（5）供应商提供产品的成本与企业自己生产的成本之间的比较。

（6）供应商提供的产品对企业产品质量的影响。

（7）企业原材料采购的转换成本。

（8）供应商前向一体化的战略意图。

2. 购买者的讨价还价能力

与供应商一样，购买者也能够成为行业盈利性造成威胁。购买者能够强行压低价格，或要求更高的质量或更多的服务。为达到这一点，他们可能使生产者互相竞争，或者不从任何单个生产者那里购买商品。购买者一般可以归为工业客户或个人客户，购买者的购买行为与这种分类方法是一般是不相关的。有一点例外是，工业客户是零售商，他可以影响消费者的购买决策，这样，零售商的讨价还价能力就显著增强了。

以下因素影响购买者集团的议价能力：

（1）集体购买

（2）产品的标准化程度

（3）购买者对产品质量的敏感性

（4）替代品的替代程度

（5）大批量购买的普遍性

（6）产品在购买者成本中占的比例

（7）购买者后向一体化的战略意图

3. 新进入者的威胁

一个行业的进入者通常带来大量的资源和额外的生产能力，并且要求获得市场份额。除了完全竞争的市场以外，行业的新进入者可能使整个市场发生动摇。尤其是当有步骤、有目的地进入某一行业时，情况更是如此。新进入者威胁的严峻性取决于一家新的企业进入该行业的可能性、进入壁垒、以及预期的报复。其中第一点主要取决于该行业的前景如何，行业增长率高表明未来的赢利性强，而眼前的高利润也颇具诱惑力。

对于上两种威胁，客户需要研究进入壁垒的难易的条件因素，如钢铁业、造船业、汽车工业、规模经济是进入壁垒的重要条件，此外还有产品的差异条件，如化妆品及保健品业产品的差异条件是进入壁垒的主要条件之一。

4. 替代品的威胁

替代品是指那些与客户产品具有相同功能的或类似功能的产品。如糖精从功能上可以替代糖，飞机远距离运输可能被火车替代等，那么生产替代品的企业本身就给客户甚至行业带来威胁，替代竞争的压力越大，对客户的威胁越大，决定替代品压力大小的因素主要有：

（1）替代品的盈利能力。

（2）替代品生产企业的经营策略。

（3）购买者的转换成本。

5. 行业内现有竞争者的竞争

大部分行业中的企业，相互之间的利益都是紧密联系在一起的，作为企业整体战略一部分的各企业竞争战略，其目标都在于使得自己的企业获得相对于竞争对手的优势，所以，在实施中就必然会产生冲突与对抗现象，这些冲突与对抗就构成了现有企业之间的竞争。现有企业之间的竞争常常表现在价格、广告、产品介绍、售后服务等方面，其竞争强度与许多因素有关。一般来说，出现下述情况将意味着行业中现有企业之间竞争的加剧，这就是：行业进入障碍较低，势均力敌竞争对手较多，竞争参与者范围广泛；市场趋于成熟，产品需求增长缓慢；竞争者企图采用降价等手段促销；竞争者提供几乎相同的产品或服务，用户转换成本很低；一个战略行动如果取得成功，其收入相当可观；行业外部实力强大的公司在接收了行业中实力薄弱企业后，发起进攻性行动，结果使得刚被接收的企业成为市场的主要竞争者；退出障碍较高，即退出竞争要比继续参与竞争代价更高。在这里，退出障碍主要受经济、战略、感情以及社会政治关系等方面考虑的影响，具体包括：资产的专用性、退出的固定费用、战略上的相互牵制、情绪上的难以接受、政府和社会的各种限制等。

行业中的每一个企业或多或少都必须应付以上各种力量构成的威胁，而且客户必面对行业中的每一个竞争者的举动。除非认为正面交锋有必要而且有益处，例如要求得到很大的市场份额，否则客户可以通过设置进入壁垒，包括差异化和转换成本来保护自己。当一个客户确定了其优势和劣势时（参见 SWOT 分析），客户必须进行定位，以便因势利导，而不是被预料到的环境因素变化所损害，如产品生命周期、行业增长速度等等，然后保护自己并做好准备，以有效地对其它企业的举动做出反应。

任务实施：

根据上述分析，对 T 司风险分析如下：

第一　财务风险分析：

T 公司期初期末流动比率分别是 1.16 和 1，低于行业平均值 1.6，也低于经验值 2；速动比率期初和期末分别是 0.93 和 0.85 低于行业平均值 0.98，低于经验值 1；现金比率期初为 37%，期末是 28%，高于行业平均值 20%；

上述数据说明，该企业短期偿债能力偏弱，用现金直接还款能力强，企业储存了较多的现金，削弱了盈利能力；

企业已获利息倍数期初 6.32，期末 5，高于标准值 3；资产负债率期初 71.08%，期末 66.33%，高于上市公司平均水平 60%；说明该公司长期偿债能力弱，对债权人的保证程度低；

第二　经营风险分析：

1. 供销双方讨价还价能力分析：应付账款在负债和所有者权益中所占的比重反映了供应商的讨价还价能力，根据表 2-42 的数据，T 公司期末应付账款在负债和所有者权益中的比重是期末 12.19%，期初是 12.68%，行业先进水平的数据是 25.6%，行业平均水平是 21.5%；这两个数据低于行业先进水平，也低于行业先进水平，说明供应商讨价还价能力略高，应付账款期末比期初的比重下降也说明了这一点；

应收账款和预收账款在总资产中的比重反映了 T 公司对经销商的商业谈判能力；应收账款期初的比重是 14.33%，期末末 11.91%，下降了 2.42 个百分点；预收账款的比重期初是 1.63%，期末是 1.33%，下降了 0.3 个百分点；行业平均应收账款的比重是 11%，略高于行业平均值。预收账款的行业平均值是 2%，预收账款的比重数据低于行业平均值，说明 T 公司对经销商的谈判能力也较弱；

2. 进入壁垒分析：T 公司是生产白色家电的企业，以厨房电器为主；我国的中家电行业总的来说属于进入低门槛行业。首先家电业是我国市场化程度较高的行业，政府对其限制不多，加之在上世纪末行业高速发展期，盈利能力强，吸引大批投资进入；

其次，中低档家电产品生产技术比较普及，国家最初对其技术标准的缺失，

导致行业进入技术门槛较低；第三，我国劳动力成本较低，中国家电行业属劳动力密集型产业，因此，吸引大批资金进入，尤其是外商投资和港澳台投资；

我国家电业准入门槛呈现上升趋势，首先，家电业竞争日益激烈，规模较小的企业难以与大企业竞争；其次，随着我国家电业与国际市场接轨，各项技术标准日益规范，间接

提高了行业的准入门槛；第三，随着人民生活水平的提高，家电产品更新换代速度较快，原先的中低档家电产品逐渐饱和，企业想要生存，必须要有自主开发的能力，这又客观上提高了行业进入壁垒。

3. 替代品的威胁：家电企业的产品没有个性化的内涵，有广泛的知名度而没有差异化的忠诚度，品牌与决策的影响力非常有限。我国家电企业在品牌差异化方面的缺陷再加上家电企业产品本身的多样性以及高科技的挑战导致替代品有很大的市场。因此家电行业如果想长远的发展，壮大，必须要重视替代品所带来的威胁。

4. 现有竞争者分析：大众厨电市场品牌众多、市场分散，T公司作为其中一员，面对的竞争者众多，竞争环境十分激烈；高端厨电市场呈现出品牌高度集中，高端厨电市场存在老板、方太、西门子及帅康四大品牌，且已逐步形成老板、方太两大内资品牌主导的双寡头垄断格局，在行业高速增长以及集中度较高背景下，高端厨电企业也普遍体现出盈利能力突出的特点；

5. 未来风险分析：来自潜在的市场进入者，替代品的侵入，厨电行业进入障碍较低，大众品牌势均力敌，竞争对手较多，竞争参与者范围广泛；价格、广告、产品介绍、售后服务等方面竞争明显；甲电器公司面临较大的风险；但应该看到，随着城镇化步骤的加快，人们收入水平的提供，生活方式的转变，厨电市场未来看好；

6. 未来努力的方向：要在这种竞争中崛起，必须坚持始终如一的"人无我有，人有我优"的差异化战略思想，以提升售后服务质量，深化用户体验为宗旨，通过不断的开发和创新来增大市场容量；与同行业之间，应该看到即有竞争也有合作的关系，在竞争中寻求合作；

任务训练：

1. 将上述分析涉及到的数据核实一遍；
2. 模仿上述分析方法，分析TCL集团的经营风险；

任务二　预测企业前景

学习目标：

知识目标：理解利润的类型与企业前景的关系

能力目标：会根据利润类型分析企业前景

任务导入：

根据 T 公司的利润类型，预测一下未来；

 知识准备

（一）利润类型表

根据利润的构成可以预测企业的未来，利润的构成可以分为以下八种情况：

表 3-1　利润的八种类型与企业前景表

项目	A	B	C	D	E	F	G	H
主营业务利润	正	正	负	负	正	正	负	负
营业利润	正	正	正	正	负	负	负	负
利润总额	正	负	正	负	正	负	正	负
评价	正常	看情况	有希望	较危险	危险	危险	将破产	将破产

（二）利润类型与企业前景分析：

A：各部分都是盈利，在主业突出时，企业处在此种状态，盈利才有持续性和稳定性；

B：主营业务，经常业务有利润，营业外损失太大，或主业利润微薄，期间费用太高，或上述几种情况并存；因为营业外业务有暂时性，不确定性。营业利润如果持续增加，可以恢复盈利。

C：虽有利润，但不正常；主营业务出现了亏损，靠其他业务利润或投资收益弥补；但亏损还不严重，及时调整经营，方可避免危机。

D：亏损出现，靠其他业务利润或投资收益使得营业利润为正，但不足以弥补营业外损失。可能是营业外支出太多或者营业利润太少，或者二者并存；必须调整经营，否则亏损将会蚕食企业的净资产。最后会出现资不抵债。

E：有盈利，但危机四伏。主营业务和其他业务利润不足以弥补期间费用，总体有盈利是因为有营业外收益，这种收益不稳定，难以持久。

F：危机已经显露，总体亏损出现。主营业务有利润，但经常性业务是亏损的。问题可能是：主营业务利润太低，或期间费用太高；必须找出亏损的实质原因，否则，会陷入困境。

G；表面盈利，但已经是火山爆发的边缘，经常性业务全面亏损。接近破产

H：已经进入破产状态。

任务实施：

根据表 3-1，表面看来，T 公司属于 A 情况 ，正常；但 T 公司投资收益所占比重偏大，如果扣除投资收益，营业利润将是负数，这一点影响了利润取得的可持续性；

任务训练：

1. E，F 相比，哪一种情况更危险？为什么？

2. G，H 相比，那一种情况更接近破产？为什么？

3. 用上述理论分析 TCL 集团；

附录一 财务分析报告的撰写

一、财务分析报告按其分析的内容范围分类：

企业一般都应根据《企业财务通则》和《企业会计准则》的规定，结合其业务的特点，既要对企业的财务活动进行综合分析，又要进行专题分析，有时根据具体需要进行简要分析，相应的财务分析报告也就有综合分析报告、专题分析报告和简要分析报告，并各有不同的特点。

1. 综合分析报告。综合分析报告又称全面分析报告，是企业通过资产负债表、利润表表、现金流量表、会计报表附注及财务情况说明书、财务和经济活动所提供的信息及内在联系，运用一定的科学分析方法，对企业的业务经营情况，利润实现情况和分配情况，资金变动和周转利用情况，税金缴纳情况，存货、固定资产等主要财产的盘点、盘亏、毁损情况及对本期或以后时期财务状况将发生重大影响的事项等作出客观、全面、系统的分析和评价，并进行必要的科学预测和决策而形成的书面报告。一般进行年度或半年度分析时采用这种类型。

2. 专题分析报告。专题分析报告又称单项分析报告，是指针对某一时期企业经营管理中的某些关键问题、重大经济措施或薄弱环节等进行专门分析后形成的书面报告。它具有不受时间限制、一事一议、易被经营管理者接受、收效快的特点。因此，专题分析报告能总结经验，引起领导和业务部门重视分析的问题，从而提高管理水平。专题分析报告有助于宏观、微观财务管理问题的进一步研究，为作出更高层次的财务管理决策开辟有价值的思路。

专题分析的内容很多，比如关于企业清理积压库存、处理逾期应收账款的经验，对资金、成本、费用、利润等方面的预测分析，处理母子公司各方面的关系等问题均可进行专题分析，从而为各级领导作出决策提供现实的依据。

3. 简要分析报告。简要分析报告是对主要经济指标在一定时期内；对存在的问题或比较突出的问题，进行概要的分析，进而对企业财务活动的发展趋势以及经营管理的改善情况进行判断而形成的书面报告。

简要分析报告具有简明扼要、切中要害的特点。通过分析，能反映、说明企业在分析期内业务经营的基本情况，以及企业累计完成各项经济指标的情况并预测今后的发展趋势。简要分析报告主要适用于定期分析，可按月、按季进行编制。

二、财务分析报告的结构

结构是指分析报告如何分段而又构成一个整体的问题。一般根据报告所反映的内容可以多种多样。综合财务分析报告的结构大致如下：

1. 标题。标题应简明扼要，准确反映报告的主题思想。标题是对财务分析报告的最精练概括，它不仅要确切地体现分析报告的主题思想，而且要用语简洁、醒目。由于财务分析报告的内容不同，其标题也就没有统一标准和固定模式，应根据具体的分析内容而定。如"某月份简要会计报表分析报告"，"某年度综合财务分析报告"，"资产使用效率分析报告"等较合适的标题。财务分析报告一旦拟定了标题，就应围绕所搜集的资料进行分析并撰写报告

2. 报告目录。报告目录应当显示财务分析报告报分析的内容以及所在的页码。

3. 重要提示。重要提示主要是针对本期报告新增的内容或须加以重点关注的问题事先作出说明。

4. 报告摘要。报告摘要是概括公司综合情况，让财务报告使用者对财务分析报告有一个总括的认识，是对本期财务分析报告内容的高度浓缩，要求言简意赅、点到即止。

5. 正文。正文是财务分析报告的最主要部分，全面、细致地反映出所要分析的内容。正文具体包括：说明段、分析段、评价段以及具体改进措施和建议。

总之，财务分析人员应明确财务分析报告的作用，掌握不同类型报告的特点，重视撰写的几个问题，不断提高自己的综合业务水平，做好财务分析工作，这样才能当好企业经营管理者的参谋和助手。

一般而言，企业应按半年、全年财务决策的要求各撰写一次综合分析报告。简要分析报告和专题分析报告可根据需要随时撰写。在撰写财务分析报告时需重视以下几方面的问题。

（一）撰写前的准备工作

1. 搜集资料。搜集资料是一个调查过程，深入全面的调查是进行科学分析的前提，但调查要有目的地进行。分析人员可以在日常工作中，根据财务分析内容要点，经常搜集积累有关资料。这些既包括间接的书面资料，又包括从直属企业取得的第一手资料。财务分析人员应搜集的资料具体包括：

（1）背景资料

进行财务分析所需要的背景资料包括：1）对企业所处行业有重大影响的国家产业政策、法规性文件；2）行业标准、同业竞争情况及战略；3）其他对企业经营产生影响的宏观经济、微观行业信息等。通常影响企业经营活动的因素有社会、政治、经济等，但由于影响企业经营的基本因素非常之多，不分巨细地对所有因素进行收集既无可能，也无必要。在进行此类资料的收集时，应主要关注与企业所处行业关联度较高的信息，以便在分析中进行本企业与同行业竞争对手的比较和行业定位。背景资料的收集一般由企业的规划计划部门、财务部门负责，其他部门协助。

（2）财务数据

财务数据作为财务分析的主要对象和信息库的重要信息来源，包括企业财务的历史数据（如企业历年财务报告、历年财务分析）、动态数据（如企业当月、当日的各项财务数据，日大型企业集团财务分析系统和内部报告模式研究常核算资料等。财务部门作为提供财务数据的责任部门，应该对其提供数据的真实性、准确性、合法性负责。此外，对于大型企业集团来说，由于其投资链条较长，为了实现动态财务数据的及时汇总、更新，统一整个企业集团的会计核算软件、项目编码设置、核算方法等，以及实施电算化联网也尤为必要。

（3）其他基础信息

由业务部门、人事部门、计划部门提供的产品生产、销售计划，项目规划，人员情况等有关数据构成了财务分析所需要的其他基础信息。这些信息对于财务分析也十分重要，如企业的在职职工人数，是计算企业全员劳动生产率的重要指标。该类信息的准确性由提供信息的各部门负责。

2. 整理核实资料。各类资料搜集齐全后，要加以整理核实，保证其来源的合法性、正确性和真实性，同时根据所规划的财务分析报告内容进行分类。整理核实资料是财务分析工作中的中间环节，起着承上启下的作用。在这一阶段，分析人员应根据分析的内容要点做些摘记，合理分类，以便查找和使用。

应该指出的是，搜集资料和整理核实资料不是截然分离的两个阶段，一般可以边搜集边核实整理，相互交叉进行。但切忌临近撰写分析报告时才搜集资料，应把这项任务贯穿在日常工作中进行，这样才能搜集到内容丰富、涉及面广、有参考价值的资料，在进行分析时就会胸有成竹，忙而不乱。

(二) 财务分析报告的选题

由于财务分析报告的形式多种多样，因此报告的选题没有统一的标准和模式，一般可以根据报告所针对的主要内容和提供的核心信息确定报告的选题，如"某季度财务分析"、

"负债情况分析"、"税法变更对企业效益的影响分析"等都是比较合适的选题。报告的选题应能准确地反映出报告的主题思想。报告的选题一旦确定，就可紧紧围绕选题搜集资料、整理资料并编制财务分析报告。

（三）财务分析报告的起草

资料准备完毕，选题确定后，就可以进入财务分析报告的撰写阶段，而财务分析报告撰写的首要工作就是报告的起草。财务分析人员需要具备较强的综合素质，才能胜任编制财务分析报告这一重要工作。

报告的撰写应围绕报告的选题并按报告的结构进行，特别是专题分析报告，应将问题分析透彻，真正地分析问题、解决问题。对综合分析报告的起草，最好先拟写报告的提纲，提纲必须能反映综合分析报告的主要内容，然后只需在提纲框架的基础上，依据所搜集、整理的资料选择恰当的分析方法，起草综合分析报告。

（四）财务分析报告的修订

财务分析报告形成初稿后，可交由财务分析报告的直接使用者审阅，并征求使用者的意见和建议，充实补充新的内容，使之更加完善，最后由直接使用者审定即可定稿。

三、财务分析报告的撰写要求

财务分析是以企业财务报告等会计资料为基础，对企业的财务状况和经营成果进行分析和评价的一种方法。财务分析的作用从最初评价借款人的偿债能力发展到现在，已经有了充分的发展。它既可以正确评价企业的过去，也可以全面反映企业的现状，还可以通过对过去与现状的分析评价来估计企业的未来发展状况与趋势。这些作用不仅有利于企业内部生产经营管理，也有利于企业外部债权人作出正确的贷款决策、赊销决策以及投资者作出正确的投资决策等。而这一作用是否能够得到充分发挥还有赖于财务分析及其最终的载体，即财务分析报告质量的高低。为了最终得到一份高质量的财务分析报告，在财务分析及其分析报告编制过程中应注意以下几个问题。

（一）财务分析报告应满足不同报告使用者的需要

在实际工作中，因为财务报告的使用者有各自不同的要求，因此使得分析的内容也就有一定的区别，如对企业外部投资者作出的投资分析报告要提供有关企业能否投资方面的分析资料，而企业内部经营者却想得到企业整体经营状况的分析结论。所以，要做好分析工作，应首先明确分析的目的，这样才能抓住重点，集中分析与分析目的直接相关的信息，从而提高分析效率，避免不必要的成本浪费。具体工作中，要注意与分析报告使用者的沟通，了解他们最想得到的信息是什么，针对这些信息提出分析应解决的主要问题，如投资分析报告应解决投资项目的可行性、未来的赢利能力等问题。而贷款分析报告则应将重点放在企业的还款能力以及贷款的使用效率等方面。确定了分析的内容以后，还要确定分析的范围并根据分析的范围和分析报告使用者的不同，确定分析报告的详略程度以及专业化程度。如分析范围仅限于一个车间、部门或小厂，则分析应尽量详细而具体，若分析范围扩大到一个集团公司，分析的内容就可以稍微总括一些。同样，若分析报告使用者本身是专业人士，分析报告自然也应该专业一些，反之分析报告使用者是非专业人士，则分析报告的文字就应尽量简明、通俗、如上市公司的财务分析报告由于使用者是广大投资者，其中有许多对财务本身了解就不多，太多专业会降低其对报告的理解程度，甚至出现误导投资者的现象。

(二) 财务分析报告须具备真实性

真实性是财务分析报告质量好坏的重要评价标准。很难想象，一份不论由什么原因引起的虚假、失真的分析报告会导致什么样的分析结论？会给予报告使用者怎么样的决策指导？要完成一份真实可靠的分析报告，得出正确的分析结论，与有效的分析密不可分。这不仅要求在分析资料的搜集过程中应保证分析资料的真实，也要求在具体分析时选择科学而高效的分析技术和方法。要保证分析资料的真实可靠，应先注意资料来源的权威、合法性，并且尽可能通过实际考证确保资料的真实。如对企业财务数据资料的分析应关注审计师出具的审计报告，这对于企业报表的真实性、合理性有重要说明作用。较常用的信息资料来源有政府机关（包括财政部、商务部等公布的数据）、各行业协会公布的信息、一些专业的商业组织（如投资咨询公司、资信评级公司等）公布的各类数据等。另外，还要注意尽可能地全面搜集所有分析所需要的资料，以避免"偏听偏信"。由于财务分析的基本资料是企业各财务报表，因此在具体分析过程中，应先进行会计分析，即从会计数据表面揭示其实际含义。

(三) 财务分析报告必须明晰

财务分析要求报告的内容应条理清晰，表述顺畅，没有语法错误，不易使人误解。这就要求分析报告的行文要尽可能流畅、通顺、简明、精练。基于这一原则，要完成一份高质量的财务分析报告，必须有一个清晰的思路，建立一个好的框架报告是分析者与使用者交流的载体，若分析者的思路不清，分析报告条理混乱，必然也会使使用者不知所云，难以作出正确的决策。在分析的第一个步骤中，分析者已经通过分析目的的确立，明确了要解决的具体问题，现在就要按照解决这些问题的先后顺序设立好分析的框架结构，最有利于说明问题、解决问题的分析当然应排在最前面，然后依重要性依次进行分析。如投资分析报告，首先应分析投资的赢利能力，然后分析投资的风险大小。若分析贷款的可行性，则应先分析贷款企业短期偿债能力，然后预计该企业未来可利用和处置的现金，这就需对企业的获利能力进行分析。如分析一家跨国公司的经营情况，该公司在世界各国分别有多少家分公司。财务报告的分析思路是：公司总体指标分析—总公司情况分析—各分公司情况分析；在每一部分里，采用对最近几年经营情况进行比较分析，具体分析时，按盈利能力分析—销售情况分析—成本费用控制情况分析展开。如此层层分解，环环相扣，各部分间及每部分内部都存在着紧密的联系。另外，清晰的分析过程可以提高分析者的判断能力，发现分析信息的不完整或不恰当，有助于分析者从重要的分析证据中提炼出正确的分析结论。

(四) 财务分析报告必须体现出重要性原则

财务分析报告要求在编制过程中，要根据其重要性大小做到详略得当。如上所述，对于重要的、对决策有着重要影响的内容不仅要详细地反映，而且要放在报告前面。对于可作为决策参考的不太重要的内容则放在报告后面作较为简略的反映。在具体确定重要分析内容时可采用交集原则揭示异常情况。例如，某公司下属有十个销售分公司，为分析这十个分公司的销售情况，可选择一个反映销售情况的指标，如销售收入额，然后分别计算最近几个月各分公司的销售收入增长额和增长率，选取增长额和增长率都较高的分公司或都较低的分公司作为主要分析对象，并进行重点分析。头脑中有重要性原则的意识，分析人员就会始终抓重点问题、主要问题。

(五) 财务分析报告必须及时提供给使用者

由于财务分析报告是用于评价企业经营状况、作为相关决策依据的重要信息来源，而影响企业经营的内外部经济环境都在不断变化，企业面对的是复杂多变的市场，在这个大市场里，任何宏观经济环境的变化或行业竞争对手政策的改变都会或多或少地影响着企业的竞争力甚至决定着企业的命运，所以报告的时限性非常强。在分析中应尽可能地立足当前，瞄准未来，以便分析报告发挥预测的作用。

四、财务分析报告的撰写方法

(一) 财务分析报告的撰写方法

由于年度、季度、月度报告的要求各有不同，每次写财务分析报告的目的和重点也有所不同，因此不要照套程式。一般说来，年度财务分析报告要求比较全面详细，有情况，有分析，有建议，大都采用工作总结式。季度财务分析报告可以有重点地作扼要的分析说明。至于月度财务分析报告，只需简要说明主要经济指标的增减变化情况就可以了，一般采用条文式，如有重大问题，再做详细分析。因此，在具体写作时，上述几个部分可以分开写，也可以合在一起写，视分析的内容和要求而定。

为了保证财务分析报告的编写质量，一般可在正式写作前，先拟定编写提纲，粗线条地写下财务分析报告的结构和主要内容，然后对提纲进行推敲修改，这也是写好财务分析报告的一个先决条件。有了提纲，就有了全局的框架，可以从全局着眼去检查每一个部分在全文中所占的地位、作用，以及前后的逻辑关系，可以帮助分析人员理顺思路，明确重点，突出观点，对内容进行适当的剪裁与安排。根据编定的提纲，就可以着手撰写财务分析报告了。

（二）撰写财务分析报告的注意事项

1. 开头不要"套话"成串，落笔太远。不少人在撰写财务分析报告时，喜欢用一些现成的"套话"开头，例如，"在××精神的鼓舞下，在××的正确领导下，在××的支持下，在××的努力下，在××的基础上"等等，套话说了一大串，然后才进入正文。这些套话似乎神通广大，放在任何时候、任何单位、任何一种分析报告中都行，成了"通用型"的配件。其实它是可有可无的，写上去并不能解决任何实际问题，反而拉长了篇幅。财务分析报告要求开门见山，单刀直入，不宜落笔太远，可有可无的套话应该尽量避免。

2. 正文不要罗列现象，言不及义。有人写财务分析报告时，习惯于罗列现象，把自己所了解的情况不分主次、不分重点地全都写上。由于缺乏必要的提炼，结果是只见材料，不见观点，让人看了不知道他要说明什么问题。还有一种情况就是用"数字文字化"来代替具体分析，实际上搞的是数字游戏。这两种毛病的共同点是"言不及义"，即说了半天也没有说出什么道理来。

"分析报告无分析"，这是撰写财务分析报告的致命伤。没有好的分析，就没有好的分析报告。要分析得好，一是要真正摸清情况，认真做好动笔前深入细致的调查研究。二是要善于提出问题，多问几个"为什么"：如没有完成预算，主要原因在哪里？利润增加了，主要受哪些因素的影响？成本降低了，是怎样降低的？等等。所谓分析，就是分析问题。多问几个"为什么"，有助于把分析深入下去，动笔前就可以把话说到点子上。财务分析报告的撰写，难就难在分析上，关键应在分析上做好文章。

3. 结尾不要用笼统的口号代替具体的建议和措施。有点财务分析报告在说明、分析问题之后，往往不是有针对性地提出建议和措施，而是用一些抽象笼统的口号来代替具体的建议和措施。如有的财务分析报告最后一段话是这样写的："在新的一年里，我们一定要加强薄弱环节的管理，增收节支，努力赶超先进水平，为完成和超额完成预算目标而奋斗！"这种精神自然是好的，问题是要具体化，要说清楚怎样加强薄弱环节的管理，从哪些方面增收节支，采取哪些措施赶超先进水平等。只有说得具体、明确、实在，才能为企业决策提供依据，否则就起不到这样的作用。换言之，也就失去了撰写公司财务分析报告的意义。

综上所述，要完成一份高质量的财务分析报告不仅需要明确分析目的，搜集真实可靠且全面的信息，掌握较高的财务分析基本技术和方法，还得掌握分析报告的一些写作技巧，合理安排分析报告的框架结构，清晰地反映分析的思路和结论。本着上述几大原则进行报告编制，应该能够达到分析的目的，满足报告使用者的需求了。

附录二　财务分析报告示例

(一) 专题分析报告范例

T 公司 2020 年利润分析

公司董事会：

我公司 2020 年利润完成情况分析如下：

1. 净利润或税后利润分析。

公司 2020 年度实现净利润 323,001 万元，比上年减少了了 100,272 万元，减少幅度为 23.69%。主要是因为利润总额比上年减少 77,255 万元引起的；

2. 利润总额分析

公司利润总额比上年减少了 119,032 万元，主要是因为营业利润下降了 36.6% 引起

3. 营业利润分析：

营业利润的下降原因，首先因为营业收入比上年增长增长了 35,5000 万元，增长率为 3.51%；营业成本比上年增长 400170 万元，增长率 4.81%，高于营业收入增长。

其次，是管理费用的增加幅度高达 11.56%，远高于收入的增幅；

故此，我公司增加利润的关键是降低营业成本，管理费用.营业成本降低 1%，营业利润将增加 65%！管理费用降低 1%，营业利润将增加 5.07%。

(二) 大型企业综合财务分析报告范例：

A 公司 20××年上半年财务分析

公司甚本情况：

A 钢铁股份有限公司由上海 A 钢铁公司集团公司独家发起设立，于 2000 年 2 月 3 日正式注册成立。公司专注于钢铁业，并从事与钢铁业相关的贸易、航运、煤化工、信息服务等业务。

主要产品有热轧板卷、普通冷轧薄板、镀锌板、镀锡板、彩涂板、电工钢、无缝钢管、热轧酸洗板、高速线材、不锈钢、特殊钢等，广泛应用于汽车、家电、石油化工、机械制造、能源交通、建筑装演、金属制品、航天航空、核电、电子仪表等行业，A 钢铁公司依托先进的生产技术和设备，高档的产销系统，始终面向用户，不断提高公司竟争力，

在汽车用钢、家电用钢、管线钢、集装箱.用钢和石油管等市场均占有优势份额，是国内最大的汽车、家电用钢供应商。截止20××年上半年末，A钢铁公司的总资产为1703.54亿元，上半年实现主营业务收人941.24亿元，利润总额122亿元，其资产规模及获利能力在我国钢铁行业上市公司中遥遥领先。

<h2 style="text-align:center">20××年上半年分析</h2>

1. 20××年宏观经济形势及行业综述

1.1　20××宏观经济形势分析：

国家信息中心二季度经济预测分析报告预计：20××年第二季度GDP实际增长10.8%，上半年实际增长8%。主要依据有:）1居民收人延续2013年以来的快速增长势头，且有进一步加快的趋势；证券市场持续走高；居民消费性支出增长加快。2）投资将保持较快增速。3）二季度外贸顺差增幅将明显降低，出口退税政策的影响从4月份以后逐渐消失，外贸出口趋于正常。4）世界经济保持较快增长。目前中国经济运行中，经济增长速度偏快的趋势有所加剧，固定资产投资存在反弹压力，贸易顺差继续增加，流动性依然偏多，但基本面向好的趋势不变。摩根大通预测，近期的一系列紧缩措施不会影响中国稳健的基本经济因素，中国GDP全年增长将达到7.8%。世界银行上调20××年中国GDP增长预测至8.4%。

1.2　20××年行业综述：

上半年，国内外经济继续保持平稳较快增长态势，良好的经济环境，带动国内钢铁需求和钢铁生产快速增长，国内钢材市场供需基本平衡；国内钢材市场价格总体稳中有升，二季度国家先后出台下调钢材产品出口退税率和加征钢材出口关税政策，钢材市场价格出现小幅波动；煤炭资源供应紧张，镍合金及航运价格大幅上涨，钢铁企业成本压力进一步加大。

下半年，国内经济仍将保持较快增长，国内外钢材市场需求依然旺盛。下半年钢材市场存在较多不确定因素：一方面出口退税政策调整对下半年钢材出口产生实质性影响，同时国内钢厂新增产线产能进一步释放，下半年国内钢铁资源量有所增加，国内钢材市场价格面临下跌压力。另一方面，旺盛的国内外钢铁市场需求及国家淘汰落后产能力度加大，将对钢材价格形成支撑。受上述因素影响，预计下半年国内钢材市场整体呈波动态势，但波动幅度不会太大。

1.3　A钢铁公司发展战略及经营策略

公司以"成为世界一流的钢铁制造商，致力于向社会提供超值的产品和服务"为使命，以"诚信、合作、创新、追求企业价值最大化"为核心价值观，以"成为全球最具竞争力的钢铁企业"为战略目标，实行以规模和技术为基石，发展循环经济，走新型工业化道路和坚持管理创新，提升软实力，增强核心竞争能力为重大战略举措的跨越式发展战略。公司实施"目标集聚"的竞争战略，聚集于汽车板、电工钢、管线钢、能源用管、船板、不锈钢、高合金钢等战略产品的发展，提升战略产品的综合竞争力，保持在国内板材市场的主导地位。通过为客户提供优质高端产品的差异化竞争策略，保持公司的竞争优势。

公司20××年上半年重点推进工作为：）1 全面挖掘一体化协同效应，一体化管理整合有序开展。2）以优势产品和新产品市场开拓为主线，持续提升市场竞争力，细分用户需求，分析优势产品的市场开发、研发及制造等环节瓶颈，制定预案，不断拓展优势产品市场。3）提升系统能力，降低采购成本，确保稳定供应。4）深入开展技术推广，大力开发新产品、新技术，新产品开发势头良好。5）节能降耗，循环经济指标持续改进，为公司的节能减排提供后劲。6）十一五规划项目建设工期、质量、投资、安全等总体受控。

2. 会计分析

20××年 A 钢铁公司开始全面执行《企业会计准则》。执行《企业会计准则》后，可能发生的主要会计政策、会计估计变更及其对 A 钢铁公司财务状况和经营成果的影响简要分析如下：

2.1　公司根据《企业会计准则第 2 号—长期股权投资》的规定，对子公司的投资采用成本法进行核算。该变化对公司个别报表具有重大经济影响，但对公司合并报表影响不大。

2.2　公司根据《企业会计准则第 18 号—所得税费用》的规定，严格根据递延所得税费用资产负债的确认条件进行递延所得税费用资产负债的确认。该变化对公司未来经营成果影响较小。

2.3　公司根据（企业会计准则第 02 号-企业合并）的规定，未来对同一控制下企业合并和非同一控制下企业合并按准则要求进行会计确认。因公司实施企业合并行为属于公司个案事项，对公司正常经营损益基本没有影响。

2.4　公司根据《企业会计准则第 22 号—金属工具确认和计量》的规定，对公司的相关短期投资、外汇运作交易按新准则的规定进行分类，并根据不同类别分别进行会计确认。该变化对公司所属子公司财务公司的经营成果将带来一定的影响。

2.5　公司根据（企业会计准则第 33 号——合并财务报表）的规定，将全部子公司纳入合并财务报表，同时对原按比例合并法进行财务报表合并的合营企业不再纳入合并报表范围。根据此变化，公司将主要增加合并财务公司，不再合并宝日汽车板公司和宝金公司。该变化对公司的资产负债结构将产生一定的影响。

除了对主要会计政策、会计估计变更带来的影响进行评估外，我们还需要对 A 钢铁公司半年报中的"净利润"项目进行调整，通过扣除政府补助、非流动资产处置损益等非经常性损益项目，使修正后的净利润能够客观反映企业上半年的经营业绩。

附表 1　净利润调整项目表

金额/百万元

调整前净利润	8159.72
扣除如下非经常性损益项目	
1）国家统一规定以外的政府补助	21.39
2）非流动资产处置损益	-104.92
3）委托投资损益	0.05
4）其他各项营业外收支净额	-63.38
5）所得税费用影响	48.46
6）归属于少数股东的非经常性损益	3.78
扣除非经常性损益后的净利润	8252.34

3. 财务报表分析

以下是 A 钢铁公司 20×× 年上半年的主要财务指标和数据。

附表 2　A 钢铁公司 20×× 年上半年的主要财务指标 1

扣除非经常性损益后的净利润（不含少数股东损益）	8254.34	4615.34
净资产收益率	9.80%	5.98%

项目	20×9 年 6 月 30 日	20×8 年 12 月 31 日
总资产	170 353.69	166 213.67
总负债	81 282.89	79 674.93
股东权益（不含少数股东权益）	83 293.02	81 285.21

附表 3　A 钢铁公司 20×× 年上半年的主要财务指标 2

项目	20×9 年 1 月~6 月	20×8 年 1 月~6 月
营业收入	93 976.01	73 091.80
营业利润	12 346.79	7 039.33
利润总额	12 199.88	6 897.94
净利润（不含少数股东损益）	8 159.72	4 528.02

根据 A 钢铁公司公布的 2 年半年度报表数据，我们从五个方面对公司的财务状况进行简要分析。

附表 4　A 钢铁公司半年报财务数据表 3

报告期	20×9 年 6 月 30 日	20×8 年 6 月 30 日
偿债能力		
流动比率	0.916 4	0.927 4
速动比率	0.404 2	0.407
现金流动负债比/%	11.103	32.314 9
股东权益比/%	48.894 2	51.530 5
负债权益比/%	97.586 7	87.902 6
营运能力		
存贷周转天数	81.282 5	76.956
应收款周转天数	10.931 9	12.61
总资产周转率/倍	0.584 8	0.500 3
赢利能力		
经营净利率/%	8.682 8	6.169 8
资产净利率/%	5.077 4	3.086 6
净利润率/%	8.682 8	6.169 8
净资产收益率/%	9.8	5.98
发展能力		
主营收入增长率/%	32.119 9	44.821 6
净利润增长率/%	85.931 4	-38.580 9
主营利润增长率/%	56.363 4	25.770 8
现金流量比率		
主营收入现金含量/倍	1.160 1	1.288
净利润现金含量/倍	1.020 1	3.775 5

3.1　偿债能力分析：

公司近两年来的流动比率均低于1，即流动资产低于流动负债，反映出公司的短期偿债能力较弱，存在无法偿还债务的风险，为提高短期偿债能力，公司应加强短期借款的还款力度，降低流动负债。

公司的速动比率低于1，说明公司必须依靠变卖部分存货来偿还债务，存货的变现能力直接影响公司的短期偿债能力。但对于钢铁行业而言，速动比率在0.5左右是正常的，因为企业存货占用资金较大。而且应收账款较多，可以应付支付需求。

公司的现金流动负债比与上年同期相比有显著下降，主要原因是受到原料涨价及生产规模扩大的影响，存货数量大规模增加，导致公司的经营现金流量较上年同期减少 3，95 亿元。

3.2 资产运营能力分析：

存货周转天数与上年同期相比增加了 4.4 天，在 20×8 年上半年实现主营业务收入 941.25 亿元，比上年同期增长 28% 的情况下，存货周转天数仍有显著增加，主要是由于原材料供应紧张、价格上涨导致企业适当增加库存，从而延长了存货周转期。应收款周转天数与上年同期相比减少了 1.68 天，说明公司加强了销售收款管理力度，收现情况有所好转。

根据 A 钢铁公司以前年度的年的半年报数据显示，公司历年的总资产周转率分别为 0.46，0.50，0.58，在主营业务收入逐年快速增长的趋势下，总资产周转率也稳步提高，说明公司的资源整合效应正在逐步显现，资产营运效率显著提升。

3.3 盈利能力分析：

有关资料显示，A 钢铁公司在 20×8 年上半年得益于良好的外部运行环境，汽车板、电工钢等高附加值产品销量扩大，一体化协同及降本增效工作有效开展，使公司取得了较好的经营业绩，上半年公司实现营业总收入 941.24 亿元，利润总额 122.00 亿元，达到公司历年同期最高点。具体数据如下：

附表5　A 钢铁公司半年报财务数据表 4

单位：百万元

项目	20×8 年上半年	比例	20×9 年上半年	比例
营业总收入	94 123.80	100%	73 168.11	100%
营业总成本	82 571.19	87%	66 709.37	91%
利润总额	12 199.88	13%	6 897.94	9%

上半年公司利润总额同比增加 76.86%，一方面由于上年年 1 季度钢材市场价格总体处于低位，另一方面公司通过提高优势产品销量、改善产品实物质量、强化用户服务等措施，品种结构进一步优化，产品综合价格同比上升，收入也大幅增加。同时，针对原燃料价格持续上涨，成本压力不断增大的情况，公司通过优化生产组织、加强节能降耗、改善技术经济指标等措施，积极开展降本增效工作，有效缓解了公司成本上升压力。因此，20×8 年上半年公司毛利率与上年同期相比亦有很大提高。

我们还可以根据公司分部报告的有关数据，对 A 钢铁公司各业务分部的赢利能力进行对比。A 钢铁公司的业务分部按公司及各子公司所属的行业划分为钢铁、贸易、金融和其他分部，其中，金融分部即为财务公司，其他分部包括化工、信息等其他单元。各分部之间的销售作为行业间抵销项单独列示。

附表 6　分行业主营业务收入、成本情况

单位：百万元

行业	营业收入	营业成本	毛利率
钢铁	74 470.18	60 541.33	18.70%
贸易	76 307.44	74 170.68	2.80%
金融	319.37	214.83	32.73%
其他	3 838.60	2 987.19	22.18%
行业间抵销	−60 811.79	−60 290.30	0.86%
合计	94 123.80	77 623.72	17.53%

显然，金融分部的毛利率要远远高于其他分部，但由于其营业收入仅占公司合并营业收入很小的份额，且财务公司主要是为公司内各成员单位提供内部结算、贷款等综合金融服务，因此，金融分部对于公司赢利的贡献有限，不属于 A 钢铁公司企业战略聚集的重点。钢铁分部和贸易分部收入大体相当，但钢铁分部的毛利率为 18.7%，比贸易分部高 16个百分点，也高于整个公司的毛利率，说明钢铁分部作为公司的本业和主业，构成了公司主要的收入、利润来源，并且还有继续上升的利润空间；贸易分部承担着公司产品内销、外贸的功能，其收入多为内部收入，毛利率偏低也属正常。值得一提的是公司的其他分部，毛利率虽低于金融分部，但收入与上年同期相比增长 23%，说明公司的副业经营还是比较成功的。

3.4　发展能力分析：

公司的主营收入增长率与上年同期相比下降了 12.7 个百分点，说明主营业务收入的增长速度放缓，但结合净利润增长率、主营利润增长率两个指标的变化，我们就会发现虽然主营业务增长幅度不及上年同期，但利润的增长却发生了质的变化，净利润增长率、主营利润增长率均由 2013 年同期的 −38%、−25% 跃升至 86%、56%。究其原因，主要是期间费用，尤其是财务费用大幅度的下降，以及投资收益与上年同期相比增长 78%，造成了公司营业毛利率的上升。说明公司的销售增长比较健康，降本增效成效显著，具有较强的发展后劲。

3.5　现金流量分析

公司的主营收入现金含量、净利润现金含量与上年同期相比均有所下降，说明 A 钢铁公司销售回款能力仍需加强，以减轻财务压力。

总体而言，通过以上的比率分析和比较，可以得出这样的初步认识：受到原材料价格上涨以及生产规模扩大等因素的影响，A 钢铁公司的自由现金流量相对紧张，造成短期偿债能力较弱，但其资产营运能力逐年增强，产品的赢利能力在逐步上升，公司的一体化协同整合效应已经得以显现。

4. 前景分析

4.1　未来发展面临的机遇

"十二五"期间中国经济有望保持平稳快速、又好又快的增长。国内 GDP 的增速会有所减缓，但仍将保持较高的增长水平；国民经济结构继续调整，国内钢材消费强度增长趋势估计会有所减弱，但淘汰落后步伐加快，产能增长趋缓，钢铁市场将保持基本稳定的供求格局。作为国民经济发展的先导产业和国内用钢主要行业的建筑、机械、汽车、造船、家电、石油天然气等行业将继续保持平稳增长之势，国内钢铁需求总体上将继续保持稳定的增长，随着我国工业化进程的持续推进和城市化水平的不断提高，以家居装饰、高档消费品、电子通信产品及旅游为辅的新消费浪潮，推动着我国高等级板材的需求继续保持稳定和较快的增长。

钢铁产业政策引导我国钢铁产业的发展进入以大企业集团为主体的战略重组新阶段，国家相关政策措施支持国内区域市场布局和调整，为 A 钢铁公司实现跨越式发展提供了战略机遇。

4.2　未来发展面临的挑战：

A 钢铁公司目前面临着国内钢铁企业继续低成本扩张产能、国外世界级钢铁企业高端产品竞争及其在中国资本扩张的压力。2013 年全球钢材市场价格达到近年来的高点，2014 年国际钢材价格将继续保持相对平稳增长同时略有小幅波动的发展态势。国内钢材价格将继续维持低于国际市场的水平；钢铁原材料，包括铁矿石的价格仍在高位运行。上述因素的共同作用对 A 钢铁公司底利能力和现金流量将形成双重的挤压。

从可持续发展面临的环境看，A 钢铁公司规模的进一步做大受到资源、环境的约束。在当前高矿价时期，与铁矿石资源条件优越的国内其他主要钢铁企业相比，A 钢铁公司在资源成本竞争中要保持优势仍要做出很大的努力。随着国家对钢铁企业节能环保要求的不断提高，公司节能环保压力将加大。

全球性汇率波动，人民币汇率的快速升值、战略性资源价格波动导致的市场不确定性，对 A 钢铁公司的应变能力和风险防范、控制能力，对外贸易活动等提出了新的挑战。

4.3　前景综述：

就 A 钢铁公司而言，其产品的差异化及高附加值，以及管理团队的卓越管理和成本控制力，造就了 A 钢铁公司国际竞争力的进一步提升，A 钢铁公司的未来发展处于持续向上趋势。

5. 财务预警分析：

这里我们应用 Z-score 变量模型 A 钢铁公司目前的财务风险进行的评估。见附表 7；

附表 7　A 钢铁公司财务预警分析表

指标名称	指标值	Z 值	警度
净营运资金/资产总计	−0.036 7		
留存收益/资产总计	0.193 8		
息税前利润/资产总计	0.1493	2.133	轻警
股东权益合计/负债合计	1.024 7		
主营业务收入/资产总计	1.1030		

根据 A 钢铁公司截止 20×8 年 6 月底的有关财务指标，我们得到"轻警"的结论，也就是说，A 钢铁公司财务状况处于不稳定的状态，这与其短期偿债能力较弱有较大关联。

6. 综述：

从宏观经济及钢铁行业发展态势来看，A 钢铁公司所处的行业仍有一定的利润空间；就其自身经营管理而言，A 钢铁公司目前的财务状况客观反映了企业在发展战略布局阶段出现的投入高、流动性弱的特征；未来随着国民经济的持续快速发展，以及 A 钢铁公司精品战略的实施，A 钢铁公司在全球钢铁行业的竞争力将逐步

显现。

(三) 中小型企业财务分析报告范例：

××公司董事会（公司管理当局）：

20××年度，我公司实现销售收入××万元，比去年增加××%，净利润实现××万元，比去年增加××%，并在取得良好经济效益的同时，取得了较好的社会效益。

1. 主要经济指标完成情况：

本年度商品销售收人为××万元，比上年增加××万元。其中，××项目销售实现义 x 万元，比上年增加××%，××项目销售××万元，比上年减少××%，其它项目营业收人实现××万元，比上年增加××%；

净资产收益率为××%，比上年的××%略有提高；

全年毛利率达到××%，比上年提高××%。

销售费用率本年实际为××%，比上年升高××%。

全年实现利润××万元，比上年增长火 x%。其中：××项目利润××万元，比上年增长×× %，x 火项目利润××万元，比上年下降××%。业利润本年为××万元，比上年下降××%。

其中：××项目为××万元，比上年下降××%。

全部流动资金周转天数为××天，比上年的××天慢了（或快了）××天，其中，××项目周转天数为××天，比上年的××天慢了××天。

固定资产投资完成××万元，比上年增长××%，其中：……

（注：以上可列表说明）

2. 财务情况分析：

2.1 销售收入情况

全年度销售收入总额比上年增加××万元，增长率为××。其中北方销售公司销售收入比去年增加××万元，增长率为x%；南方销售公司比上年增加××万元，增长率为××。

（销售收入可以按行业、或地区、或主要产品分类报告）；销售收入增加中，因为价格下降导致收入减少××万元，价格下降的原因主要为了扩大销售量，提高公司产品竞争力；因为销售提高导致收入增加××万元，其中：××产品（主要产品）本年度销售量比上年增加××万台，市场占有率达××。

2.2 销售成本情况：

公司本年度销售成本总额比上年增长××万元，增长率为××。因为销售增加××%而导致成本增加××万元；因为生产成品增加而导致销售成本增加××万元，其中：××产品本年度单位生产成本为××元，较上年度的××元上升了××%；

主要产品生产成本上升的原因分析：

……

2.3 管理费用（销售费用）水平情况：

公司管理费用总额比上年增加××万元，费用水平上升××%。

其中：

运杂费增加××万元；

职工薪酬增加××万元：

……

从变化因素看，主要是由于公司政策因素影响：

(1) 调整了"三费"、"一金"比例，使费用绝对值增加了××万扣除上述因素影响，本期费用绝对额为××万元，减少××万元费用水平为××%比上年下降××%。

2.4 资金营运情况：

20××年12月31日，全部资金占用额为××万；比上年增加××%；

其中：

应收账款资金占用额××万元，占全部流动资金的××%，比上年上升××%。欠款额居前5位的客户是：

附表8　××公司××年12月31日主要客户信息表

客客户名称	初始欠账时间	平均逾期时间	主要拖欠原因	已提减值准备	已经采取的的措施
1					
2					
3					
4					
5					
合计					
说明					

存货资金占用额为××万元，占××%，比上年上升了××%，其中：××原材料和××产成品比上年增加××万元。增加的主要原因是基于销售量的预期增加所致。

2.5　利润完成情况

20××年，企业利润比上年增加××万元，主要因素是：

2.5.1　利润增加因素：

……

2.5.2　利润减少因素：

……

2.5.3　管理费用（销售费用）水平情况：

公司管理费用总额比上年增加××万元，费用水平上升××%。

其中：

运杂费增加××万元；

职工薪酬增加××万元：

从变化因素看，主要是由于公司政策因素影响：

调整了"三费"、"一金"比例，使费用绝对值增加了××万元，扣除上述因素影响，本期费用绝对额为××万元，减少××万元费用水平为××%比上年下降××%。

2.5.4　资金营运情况：

20××年12月31日，全部资金占用额为××万元，比上年相对以上两种因素相抵，本年度利润额多实现××万元。

3.　财务情况总体评价：

3.1　经营情况综合评价（略）

3.2　盈利能力评价（略）

3.3　财务风险评价（偿债能力评价，现金流）（略）

3.4　资产管理能力评价（略）

3.5　未来发展能力评价（略）

4. 存在的问题和建议

问题之一：资金占用增长过快，结算资金占用比重较大，比例失调。特别是其它应收款和应收账款，由于赊销政策的调整而大幅度上升，如不及时清理，对企业经济效益将产生很大影响。

建议：各级管理部门要引起重视，应抽出专人，成立清收小组，积极回收，也可将奖金、工资同回收货款挂钩，调动回收人员积极性，同时，要求各公司/部门经理要严格控制赊销商品管理，严防新的三角债产生。……

问题之二：经营性亏损部门有增无减，亏损额不断增加。全公司未弥补亏损额高达××万元，比同期大幅度上升。主要原因是××。

建议：公司管理层要加强对亏损子公司的整顿、管理，做好扭亏转盈工作。

问题之三：产品生产成品控制不力，存在不同程度的生产浪费情况。……

建议：……

问题之四：各子公司程度不同地存在潜亏行为。公司长期待摊费用高达××万元，待处理流动资金损失为××万元。

建议：……

问题之五：内部控制执行不严格。……

建议：""

问题之六：部分经营者财务风险意识不强。……

建议：……

问题之××："""

××公司财务部

20××年×月×日

（四）C 企业月度资产负债表分析：

1. 财务状况总体评述：

20×7 年 4 月，C 企业当月实现营业收入 72，183.41 万元，累计实现营业收入 300，529.25 万元，去年同期实现营业收入 126，656.40 万元，同比增加 137.28%；当月实现利润总额 2，509.69 万元，累计实现利润总额 9，906.00 万元，较去年同期增加 100.70%；当月实现净利润 1，634.39 万元，累计实现净利润 7，851.99 万元，较同期增加 86.25%。

以下是根据沃尔评分体系对企业进行的综合评价：

2. 资产负债表分析：

附表 9 C企业资产负债表分析

项目	20×6 年 4 月	20×7 年 4 月	增减额	标识	增减率
流动资产	86，118.26	159，232.85	73，114.59	↑	84.90%
非流动资产	17，495.22	40，693.03	23，197.81	↑	132.60%
资产总计	103，613.48	199，925.88	96，312.40	↑	92.95%
流动负债	76，154.14	160，437.79	84，283.64	↑	110.68%
非流动负债	37.50	168.44	130.94	↑	349.17%
负债合计	76，191.64	160，606.22	84，414.58	↑	110.79%
所有者权益	27，421.83	39，319.65	11，897.82	↑	43.39%

（1）．资产状况及资产变动分析

附表 10 C企业资产状况分析表

项目	20×6 年 4 月	20×7 年 4 月	同期结构比	本期结构比	增减率
流动资产	86，118.26	159，232.85	83.11%	79.65%	↑84.90%
非流动资产	17，495.22	40，693.03	16.89%	20.35%	↑132.60%
资产总计	103，613.48	199，925.88	100.00%	100.00%	↑92.95%

20×7 年 4 月，C 企业总资产达到 199，925.88 万元，比上年同期增加 96，312.40 万元，增加 92.95%；其中流动资产达到 159，232.85 万元，占资产总量的 79.65%，同期比增加 84.90%，非流动资产达到 40，693.03 万元，占资产总量的 20.35%，同期比增加 132.60%。企业流动资产占绝大部分比重，属于保守型的固/流结构，资产流动性较强，非流动资产比重有增加的倾向；

下图是资产结构与其资金来源结构的对比：

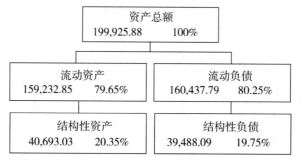

附图 1 资产负债对比图

171

（2）流动资产结构变动分析

附表 11　流动资产结构变动分析表

项目	20×6 年 4 月	20×7 年 4 月	同期结构比	本期结构比	增减率
货币资金	16，218.99	15，960.59	18.83%	10.02%	⬇ -1.59%
应收票据	34，570.99	55，790.80	40.14%	35.04%	⬆ 61.38%
应收账款	8，759.86	10，724.07	10.17%	6.73%	⬆ 22.42%
预付款项	10，015.47	11，180.74	11.63%	7.02%	⬆ 11.63%
存货	14，955.70	64，460.05	17.37%	40.48%	⬆ 331.01%
其他项目	1，597.25	1，116.59	1.85%	0.70%	⬇ -30.09%
流动资产	86，118.26	159，232.85	100.00%	100.00%	⬆ 84.90%

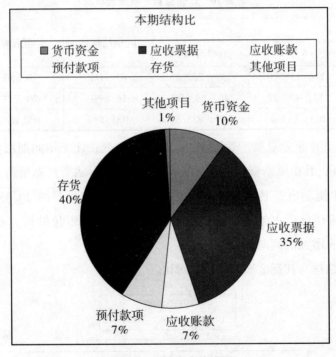

附图 2　流动资产构成图

20×7 年 4 月，C 企业流动资产规模达到 159，232.85 万元，同比增加 73，114.59 万元，同比增加 84.90%。其中货币资金同比减少 1.59%，应收账款同比增加 22.42%，存货同比增加 331.01%。

应收账款的质量和周转效率对公司的经营状况起重要作用。营业收入同比增幅为 137.28%，高于应收账款的增幅，企业应收账款的使用效率得到提高。在市场扩大的同时，应注意控制应收账款增加所带来的风险。

（3）.非流动资产结构变动分析

附表 12　非流动资产结构变动分析表

项目	20×6 年 4 月	20×7 年 4 月	同期结构比	本期结构比	增减率
长期投资项目	2，030.25	4，950.06	11.60%	12.16%	⬆143.82%
固定资产	11，836.29	32，120.64	67.65%	78.93%	⬆171.37%
在建工程	894.23	2，349.01	5.11%	5.77%	⬆162.69%
无形资产及其他	2，734.45	1，273.32	15.63%	3.13%	⬇-53.43%
非流动资产	17，495.22	40，693.03	100.00%	100.00%	⬆132.60%

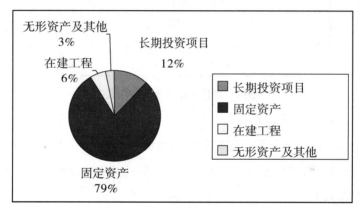

附图 3　非流动资产构成图

20×7 年 4 月，C 企业非流动资产达到 40，693.03 万元，同期比增加 23，197.81 万元，同期比增加 132.60%。长期投资项目达到 4，950..06 万元，同比增加 143.82%；固定资产 32，120.64 万元，同比增加 171.37%；在建工程达到 2，349.01 万元，同期比增加 162.69%；无形资产及其他项目达到 1，273.32 万元，同比减少 53.43%。非流动资产的增加中，固定资产和在建工程增幅较大，与企业处在扩展阶段的实际吻合。

（4）负债及所有者权益变动分析

附表 13　负债及所有者权益变动分析表

项目	20×6 年 4 月	20×7 年 4 月	同期结构比	本期结构比	增减率
流动负债	76，154.14	160，437.79	73.50%	80.25%	⬆110.68%
非流动负债	37.50	168.44	0.04%	0.08%	⬆349.17%

续表

项目	20×6 年 4 月	20×7 年 4 月	同期结构比	本期结构比	增减率
股东权益	27，421.83	39，319.65	26.47%	19.67%	↑43.39%
负债和股东权益	103，613.48	199，925.88	100.00%	100.00%	↑92.95%

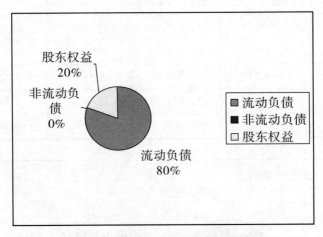

附图 4 负债和所有者权益构成图

20×7 年 4 月，C 企业负债和权益总额达到 199，925.88 万元，同期比增加 92.95%；其中负债达到 160，606.22 万元，同期比增加 110.79%，所有者权益 39，319.65 万元，同期比增长 43.39%。资产负债率为 80.33%，同期比增加 6.80 个百分点，产权比率为 4.08，同期比增加 1.31。

负债比重增加幅度大，相应资产负债率也增加了；增加幅度较大的是非流动负债，达到 349.17%，高于非流动资产的增加幅度；流动负债增加幅度也高达 110.68%；2014 年 4 月负债总额增加了 84，414.59 万元，增加幅度达到 110.85%，企业应积极预防财务风险；

从负债与所有者权益占总资产比重看，企业的流动负债比重为 80.25%，非流动负债比重为 0.08%，所有者权益的比重为 19.67%。企业资金来源以负债为主，再次提示财务风险。

附录三 财务分析的主要公式表

附表 14

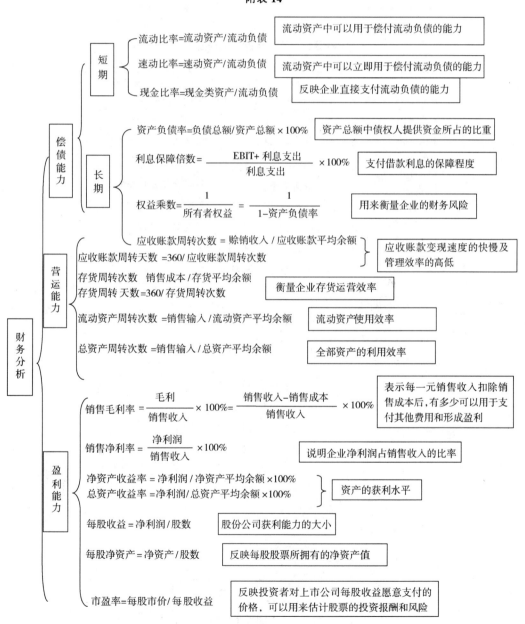

流动比率=流动资产/流动负债 —— 流动资产中可以用于偿付流动负债的能力

速动比率=速动资产/流动负债 —— 流动资产中可以立即用于偿付流动负债的能力

现金比率=现金类资产/流动负债 —— 反映企业直接支付流动负债的能力

资产负债率=负债总额/资产总额×100% —— 资产总额中债权人提供资金所占的比重

利息保障倍数 = $\dfrac{\text{EBIT+ 利息支出}}{\text{利息支出}}$ ×100% —— 支付借款利息的保障程度

权益乘数= $\dfrac{1}{\text{所有者权益}}$ = $\dfrac{1}{1-\text{资产负债率}}$ —— 用来衡量企业的财务风险

应收账款周转次数 = 赊销收入 / 应收账款平均余额
应收账款周转天数 =360/ 应收账款周转次数 —— 应收账款变现速度的快慢及管理效率的高低

存货周转次数 销售成本 / 存货平均余额
存货周转 天数 =360/ 存货周转次数 —— 衡量企业存货运营效率

流动资产周转次数 =销售输入 / 流动资产平均余额 —— 流动资产使用效率

总资产周转次数 =销售输入 / 总资产平均余额 —— 全部资产的利用效率

销售毛利率 = $\dfrac{\text{毛利}}{\text{销售收入}}$ × 100%= $\dfrac{\text{销售收入–销售成本}}{\text{销售收入}}$ ×100% —— 表示每一元销售收入扣除销售成本后,有多少可以用于支付其他费用和形成盈利

销售净利率 = $\dfrac{\text{净利润}}{\text{销售收入}}$ ×100% —— 说明企业净利润占销售收入的比率

净资产收益率 =净利润 / 净资产平均余额 ×100%
总资产收益率 =净利润 / 总资产平均余额 ×100% —— 资产的获利水平

每股收益 =净利润 / 股数 —— 股份公司获利能力的大小

每股净资产 =净资产 / 股数 —— 反映每股股票所拥有的净资产值

市盈率 =每股市价 / 每股收益 —— 反映投资者对上市公司每股收益愿意支付的价格,可以用来估计股票的投资报酬和风险

偿债能力：短期、长期
营运能力
盈利能力
财务分析

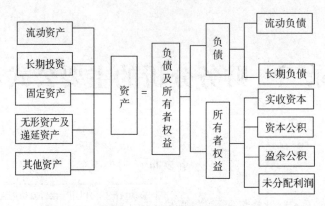

附图 5　资产负债表结构图

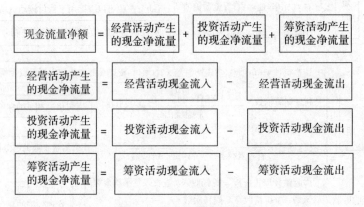

附图 6　现金流量表结构图

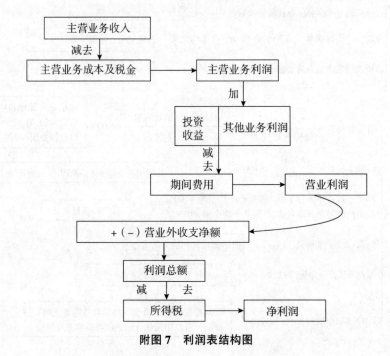

附图 7　利润表结构图

参考文献

1. 刘章胜，赵红英．新编财务报表分析（第五版）［M］．大连：大连理工大学出版社，2014.

2. 张先治．财务分析［M］．大连：东北财经大学出版社，2011.

3. 国务院国资委财务监督与考核评价局．企业绩效评价标准值［M］．北京：经济科学出版社，2012.

4. 中华人民共和国财政部企业会计准则［M］．北京：机械工业出版社，2006.

5. 中国注册会计师协会2015年年度注册会计师全国统一考试辅导教材：会计［M］．经济科学出版社，2015.

6. 粟方忠．统计学原理［M］．大连：东北财经大学出版社，2011.

7. 中国注册会计师协会．2015年度注册会计师全国统一考试辅导教材：公司战略与风险管理［M］．北京：经济科学出版社，2015.

8. 李曼，李志．财务分析［M］．北京：高等教育出版社，2014.

9. 李莉．财务报表分析［M］．北京：人民邮电出版社，2014．